RESEARCH ON LABOR COST OF ELECTRIC POWER
CONSTRUCTION ENTERPRISES

电力施工企业人工成本研究：
智慧监控与管理策略

INTELLIGENT MONITORING AND
MANAGEMENT STRATEGY

广东省电力建设定额站　组编

赖启结　高晓彬　主编

中国电力出版社
CHINA ELECTRIC POWER PRESS

内 容 提 要

本书以电力行业数字化转型为背景，聚焦电力施工企业人工成本管理的难点与挑战，系统探讨了智慧化与动态化的解决路径，创新性地提出"三明治"管理框架体系：以智慧工程管理系统为底层技术支撑，依托动态人工成本数据库构建数据平台，为精准决策提供实时支撑；通过顶层集成与智能预警机制，形成"动态监测—数据分析—决策优化"的闭环管理体系。本书兼具理论深度与实践价值，通过重构人工成本管控逻辑，突破传统管理模式局限，结合智慧监控等技术手段，为电力施工企业提供可直接落地的人工成本管理工具与方法。

本书主要面向电力施工企业的管理者、技术人员及数字化转型实践者，可为高等院校、科研机构、行业监管部门进行数字化转型研究提供参考。

图书在版编目（CIP）数据

电力施工企业人工成本研究：智慧监控与管理策略 ／
广东省电力建设定额站组编；赖启结，高晓彬主编.
北京：中国电力出版社，2025.4. -- ISBN 978-7-5198
-9926-4

Ⅰ.F426.61

中国国家版本馆 CIP 数据核字第 2025T59F53 号

出版发行：中国电力出版社
地　　址：北京市东城区北京站西街 19 号（邮政编码 100005）
网　　址：http://www.cepp.sgcc.com.cn
责任编辑：杨淑玲（010-63412602）
责任校对：黄　蓓　郝军燕
装帧设计：王红柳
责任印制：杨晓东

印　　刷：三河市万龙印装有限公司
版　　次：2025 年 4 月第一版
印　　次：2025 年 4 月北京第一次印刷
开　　本：710 毫米 ×1000 毫米　16 开本
印　　张：9.75
字　　数：174 千字
定　　价：68.00 元

本书编委会

主　　编　赖启结　高晓彬

副主编　马捷然　姜玉梁

参编人员　刘刚刚　马大奎　崔　伟　侯　凯

　　　　　　王流火　杨治飞　胡晋岚　吴　旻

　　　　　　秦　燕　周　妍　孙　罡　梁英莉

　　　　　　严思琪　康易良　秦万祥　罗子俊

　　　　　　张蓝瑾　王兴华　马　顺

前　言

在全球能源转型与数字经济蓬勃发展的双重驱动下，作为国民经济基础性支柱的电力行业正面临着技术迭代加速、清洁能源规模化应用、安全环保标准升级等深刻变革。电力施工企业肩负着新型电力系统构建中的建造使命，同时面临着人工成本攀升和劳动力结构转型的挑战，亟须探寻破局之道。传统人工成本管理模式因数据割裂、响应滞后、决策粗放等问题，已难以适应动态市场环境与工程管理的精细化需求。本书立足企业人工成本管理难点，结合行业前沿趋势与实践挑战，系统探索智慧监控与动态优化的人工成本管理路径，为电力施工企业提供兼具理论创新与实践价值的解决方案。

数智化转型重塑了管理的底层逻辑。本书首先以施工现场的智慧工程管理系统为切入点，创新性地提出了电力施工企业人工成本动态监测的"三明治"管理框架体系：借由智慧工程管理系统实现多源异构数据的实时抓取与标准化处理；结合相关数据形成动态人工成本数据库作为数据支撑平台，为管理决策提供数据基础；最终，顶层决策层通过智慧工程管理系统，集成动态人工成本数据库数据实现数据预警及决策。该人工成本动态监测体系重构了人工成本管控逻辑，形成了"动态监测 + 数据驱动"的管理逻辑链条。

本书的编写凝聚了行业专家、学者与企业实践者的智慧，并兼顾理论与实践相结合，力求不仅为电力施工企业的管理者、技术人员提供可借鉴的工具与方法，也为研究机构及高等院校等呈现行业数字化转型的前沿图景。期待通过本书的出版，能够推动电力施工企业在人工成本管理领域的创新探索，助力行业在高质量发展的道路上迈出更加坚实的步伐。

最后，衷心感谢广州竣盛工程造价咨询有限公司及相关合作单位对本书调研与成稿的支持，也感谢所有参与编写同仁的辛勤付出。由于编者水平有限，书中难免存在疏漏之处，恳请读者不吝指正，共同为电力行业的可持续发展贡献智慧。

编者

2025 年 4 月

目 录

第 1 章

电力施工企业人工成本管理现状

1.1 电力行业发展现状

1.1.1 电力行业整体发展趋势

1. 工程规模大，协调与统筹难度高

电力建设工程是集成了发电厂、变电站、输电线路和配电网络等多专业的复杂系统，并且为了满足不同地区的电力需求，往往跨越城市、农村与偏远地区等广泛的区域，因而规模庞大。与此同时，规模庞大的特征也使电力建设工程需要包括设备购置、施工、土地征用、环保措施等多个方面的巨大投资，以及涵盖前期规划、设计、审批、施工、调试等多阶段的建设周期。

涉及区域广、工程规模大的特点也使电力建设工程涉及的建设任务繁多且利益相关者广泛，使得不同建设任务间、不同建设利益相关方之间的协调难度大、管理成本高。

2. 专业集成度强，技术复杂性高

电力建设工程具有发电、变电、输电、配电等多系统集成，土建、安装与调试等多专业相融合的特点，上述特点导致电力建设工程需要对多专业间进行有效整合和协调，从而解决多专业间在技术上不兼容、功能上相冲突的问题，并且，需保持不同专业之间的信息有效沟通与共享，从而避免因多专业之间的融合性差而产生的信息孤岛问题。

电力建设工程需要使用如发电机组、变压器、输电线路设备等大量的高新技术设备，这些设备的技术精度高，更新迭代速度快，因此，技术难度较大。此外，由于电力建设工程具有涉及国计民生、支撑社会经济稳定运转的特点，对其安全稳定运行的要求较高，因此电力建设工程需要具备较高的技术性能。与此同时，随着数字技术、信息技术的快速发展，电力系统之间、电力系统与其他基础设施系统之间愈发相互融合，在此背景下，一旦出现故障，将出现相关耦合、级联传递的现象，从而导致电力建设工程面临的技术复杂性进一步提升，因此需要进一步提高技术水平来提升对于事故的抵御与防范能力。

1.1.2 电力行业特点

在现代社会，电力是推动工业发展和维持日常生活的必需品。电力施工行业，作为电力供应链的关键一环，承担着构建和维护电力基础设施的重要任务。这一行业不仅对专业技术有着极高的要求，还面临着复杂的施工环境和严峻的安全挑战。因此，电力施工行业作为国民经济的重要支柱产业之一，具有显著

的特点。

1. 行业整体特点

（1）技术集成性强，更新迭代速度快。

电力行业具有技术密集、集成性强的特点，专业技术是电力施工行业的核心竞争力。而随着当前科技的迅猛发展，智能电网、绿色电网、可再生能源技术等新技术不断涌现，电力行业在当前正经历相比以往更密集的技术迭代，技术快速发展在提升电力工程建设与运营效率、促使电力行业可持续发展的同时，也推动电力工程行业自身的更新，推动其培育新的管理模式、组织模式与建造运营方式。

（2）作业环境复杂，安全和环保等级高。

电力施工行业必须适应多变的户外环境。施工人员常常需要在极端天气条件下工作，如高温、严寒或暴雨，这要求他们具备良好的身体素质和适应能力。同时，施工场地的复杂性，如崎岖的地形和有限的空间，也增加了施工的难度。安全始终是电力施工行业的首要关注点。由于涉及高压电和重型电气设备，任何小的疏忽都可能导致灾难性的后果。因此，严格的安全规程、详尽的风险评估和持续的安全教育是确保施工现场零事故的基础。同时，随着环保意识的提升，电力施工过程中对环境的保护也变得越来越重要，这要求施工材料和设备的使用必须符合环保标准，废弃物的处理也要遵循环保法规。

（3）质量控制严格，施工管理要求高。

质量控制是电力施工行业的另一大特点。每一项工程都必须严格遵守设计要求和安全标准，以确保电力系统的稳定运行和长期使用。因此，从材料的选择到施工的每一个环节，都需要进行严格的监督和检查。与此同时，电力施工行业不仅需要专业的技术人员，还需要有效的项目管理和协调能力。施工单位需要建立完善的管理体系，对施工过程进行全程监控和管理。同时，施工单位还需要与政府部门、设计单位、监理单位等多方进行沟通和协调，以确保项目的顺利进行。

（4）与宏观经济与政策联系紧密。

电力施工行业的发展受到国家政策和经济环境的显著影响。例如，国家对于新能源的支持和"碳达峰碳中和"目标的实施，将推动风能、光伏等清洁能源的快速发展，从而为电力工程施工行业带来新的机遇。同时，经济环境的变化也可能对电力工程施工行业产生影响。例如，在经济增长放缓的情况下，电力需求可能会下降，从而影响电力工程施工行业的发展。

2. 各类型电力工程特点

由于火电工程、水电工程、风电工程、光伏发电工程、核电工程都有其各自的特点，下面将逐一分析这些工程的特点，以便更全面地理解电力施工行业的特点。

（1）火电工程。

火电工程作为我国能源基础设施的重要组成部分，其建设特点在多个方面表现得尤为明显。首先，火电项目的建设周期较长，通常需要2～3年的时间，这就要求项目管理必须具备长远的规划能力和对项目全周期的精准掌控。在这段时间内，从前期规划、论证、选址、审批、设计、设备制造和监造、建造、调试、验收到最终的竣工，每个阶段都需要严格的时间管理和进度控制，以确保项目能够按照既定的时间节点顺利推进。

火电工程建设的技术集成度高，专业性强。火电厂的建设涉及热力学、机械、电气等多个专业技术领域，这些技术的深度融合与精准操作是保障火电厂安全、高效运行的核心。因此，火电工程建设需要一支专业的技术团队，他们必须具备跨学科的知识和丰富的实践经验，以确保工程的顺利进行。在技术创新方面，火电工程建设正面临着前所未有的挑战和机遇。随着新能源技术的不断涌现，火电行业必须积极应对挑战，抓住机遇，推动自身的可持续发展。未来，火电行业将更加注重环保和可持续发展，推动技术创新和产业升级。

随着环保意识的增强，火电工程建设过程中的环境保护要求也日益严格。《火电行业建设项目温室气体排放环境影响评价技术指南（试行）》的发布，进一步规范了火电建设项目的环境影响评价工作，推动了从源头实现减污降碳协同增效。这要求火电工程建设在规划和执行过程中，必须同步开展环境影响评价，并落实生态保护措施。

（2）水电工程。

水力发电工程是一种利用水源位能转换为电能的发电方式，其建设特点在多个方面表现得尤为明显。首先，水电工程通常位于偏远或地形复杂的地区，如山区或河流流域，这使得施工条件变得十分艰苦。施工人员需要在高空、深水、高温等恶劣环境下工作，进行大规模的土建工程，如大坝、厂房、隧道、桥梁等，这些都需要大量的资金投入和长时间的施工周期。水电工程的投资大，不仅体现在土建工程上，还包括施工设备和技术的投入，如大型挖掘机、混凝土搅拌站、混凝土浇筑设备等。此外，水电工程的运行和维护也需要长期的、持续的资金支持。

技术复杂性是水电工程建设的另一大特点。设计和施工需要用到众多工程技术和科学研究，如地质勘探、建筑工程、水利工程、环境工程等。需要解决的技术难题包括高坝的稳定性问题、大坝的防渗问题、水库的淤积问题等。此外，水电工程的设计和施工还需要用到许多高科技设备和仪器，例如，无人机、卫星遥感、自动化控制系统等。

环境保护是水电工程建设中不可忽视的重要方面。水电开发对河流生态的影响主要表现在淹没、径流调节变化、大坝阻隔对河流水环境、水生生态、陆生生态的影响。水电行业环境保护工作已形成了"预防、减缓、修复"的生态环境保护措施体系，完善了水环境、水生生态和陆生生态保护等方面的理论和技术。水电开发始终坚持"在开发中保护，在保护中开发"的可持续发展原则，形成了从规划、建设、运行全过程的生态环境保护措施体系，极大程度地减缓了水电开发对生态环境的影响。

（3）风电工程。

风电工程建设是一项涉及技术、管理、环境和社会责任的复杂工程。随着全球对清洁能源需求的增加，风电作为可再生能源的重要组成部分，其工程建设特点在多个方面表现得尤为明显。首先，风电工程的施工安全管理要求极高。风电场的建设往往位于偏远或地形复杂的地区，如山区或沿海地带，这使得施工条件变得十分艰苦。施工人员需要在高空、深水、高温等恶劣环境下工作，进行大规模的土建工程，如风机基础、塔架、叶片的安装等，这些都需要大量的资金投入和长时间的施工周期。

风电工程的施工技术复杂，管理难度大。设计和施工需要用到众多工程技术和科学研究，如地质勘探、建筑工程、电气工程等。需要解决的技术难题包括风机基础的稳定性、大体积混凝土的浇筑、设备的吊装等。同时，风电工程施工涉及大中型水利水电工程，需要专业的技术人员进行安全技术交底，确保施工人员了解施工要求、作业环境的安全风险。此外，在技术创新方面，风电工程建设正面临着前所未有的挑战和机遇。随着风电技术的不断进步，风电设备的效率和可靠性不断提高，生产成本逐渐降低。风电产业的可持续发展需要注重技术创新，提高风电设备的效率和可靠性，降低生产成本；同时还需要关注生态环境保护，减少对自然环境的影响。

风电工程在施工过程中需要严格遵守环境保护法规。风电开发对生态环境的影响主要表现在对植被的破坏、水土流失和局部气候的影响等方面。因此，在规划和执行过程中，必须同步开展环境影响评价，并落实生态保护措施，实现风电开发与生态环境保护的协调发展。

（4）光伏发电工程。

光伏发电工程作为一种新兴的能源建设项目，以其独有的特点正在日益成为全球能源转型的重要方向。主要特点体现在技术创新、项目管理、环境适应性和经济效益等多个方面。首先，光伏发电工程在技术方面有高度的复杂性和先进性等特点。目前，随着光电转换效率的提升和设备技术的不断革新，光伏发电工程对光伏发电系统的设计和安装要求越来越高，在设计系统时不仅需要考虑建筑的结构以及环境因素，而且还需要保证系统的运行效率和长期的稳定性。同时，光伏发电技术的快速发展也给施工企业提供了更多的施工技术和工艺创新，比如，高效率地制造太阳能电池、智能化的安装系统等。其次，由于光伏发电项目投资大、周期长，这也使得在施工过程中涉及的利益相关方众多，因此有效的项目管理就显得尤为重要。目前，总承包模式在光伏发电项目中占据主流，这种模式对建设单位的总承包能力有非常高的要求。而且，不少施工单位在经验和管理水平上都还处于摸索阶段，如何确保项目的质量、进度和成本控制成为关键。

光伏发电项目在实施的过程中，需要密切考虑设备设施的环境适应性。目前，我国的光伏发电系统主要安装在建筑屋顶和开阔的地面。这些环境就很容易受到自然环境的影响，太阳辐射、风雨、昼夜温差等自然环境都对设备的耐久性和安全性提出了很高的要求。

（5）核电工程。

根据《中国能源报》的报道，我国核电项目的建设周期一般为 2～3 年，项目建设的投资高达几十亿元以上。这说明我国核电工程呈现出建设周期长、投资规模大等特点。这就要求在进行项目管理时，企业必须具备高效的资源配置能力和风险控制能力，以确保项目的顺利进行和成本的有效控制。此外，核电工程的工艺流程相对复杂，因此在项目实施过程中设计的参与者众多，从前期规划、论证、选址、审批、设计、设备制造，到中期的监造、建造、调试以及后期的验收、竣工等涉及多个阶段，需要多个专业领域的接口与协调。这种项目的复杂性给企业管理带来了巨大的挑战。而且核电工程项目的质量要求极高，在整个工程的实施过程中，需要严格遵守国际标准并建立完善的质量保证体系。

目前，我国的核电工程在技术自主化创新和装备制造产业升级等方面取得了显著的成就。我国核电工程主要采用的核电技术从引进的二代核电技术到翻版加改进的二代＋技术，再到目前以设计理念更先进、安全指标更严格的三代核电技术为主，这表明我国的核电工程的设计创新能力正在不断地增强。如今，我国核电工程的特点不仅体现了对安全性的极高要求、技术密集型的发展路径、长周期和大投资的项目管理，而且还体现了环境友好型的建设理念、公众参与和国际化合作的开放态度。

1.1.3　市场环境变化

1. 技术创新：电力行业的新引擎

（1）智能电网技术的崛起。

智能电网是现代电力系统的重要组成部分，通过集成信息通信技术，实现电力的智能化管理。智能电网的建设首先在提升电力系统的整体性能方面发挥着至关重要的作用，它通过实时监控电网状态和预测电力需求，提高了系统的可靠性。这意味着即使在极端天气或意外事件导致电力需求激增的情况下，智能电网也能保持电力供应的稳定。其次，智能电网增强了系统的安全性，通过及时发现并响应潜在的故障和攻击，保护电网免受损害。此外，智能电网对可再生能源的接纳能力是其最重要的特点之一。随着太阳能、风能等可再生能源在电力结构中所占比例的增加，智能电网能够更好地整合这些间歇性和不可预测的能源，以确保它们能够无缝并入传统电网。这不仅促进了清洁能源的使用，也推动了能源结构的绿色转型。

智能电网的数据分析能力是其优化电力调度的关键。通过对海量数据的实时分析，智能电网能够预测和应对电力需求的波动，从而更有效地分配电力资源。这种精细化的管理方式不仅提高了能源利用效率，还降低了运营成本，使得电力供应更加经济高效。

国家电网有限公司在智能电网领域的投资，体现了其对技术创新的重视和对未来电力系统发展趋势的前瞻性认识。这些投资不仅包括硬件设施的升级，如安装智能电能表和传感器，还包括软件系统的开发，如先进的电网管理和自动化控制平台。这些技术和设施的投入，不仅提升了国家电网的服务能力，也为整个电力行业树立了技术创新的典范。

（2）储能技术的突破。

储能技术的发展为应对电力行业面临的新挑战提供了有效的解决方案。随着可再生能源的快速发展，如风能和太阳能，电力供需的不稳定性问题日益凸显。这些能源具有间歇性和波动性的特点，意味着它们在特定时间段内可能无法提供连续的电力供应，从而对电网的稳定性构成挑战。储能系统通过在电力需求较低时段储存多余的电能，并在需求高峰时释放这些能量，有效地平衡了供需关系。这种能量的存储和释放能力，对于维持电网的稳定运行至关重要。特别是锂电池和液流电池等新型储能技术的应用，正在逐步改变电力市场的供需格局。

锂电池因其高能量密度、长寿命和快速响应速度等优势，在储能市场中占据了主导地位。它们广泛应用于从小型家庭储能系统到大型电网储能项目。然而，锂电池在安全性和低温性能方面存在一些挑战，这促使研究人员和工程师不断探索和改进技术。液流电池储能技术则以其独特的优势在电力储能领域崭露头角。这种技术是在液态电解质中存储电能，具有本征安全、长循环寿命和可调节的储能容量等优点。液流电池的储能容量可以根据需求进行调整，使其非常适合用于大规模储能系统，如新能源并网等应用场景。随着技术的不断进步和成本的降低，液流电池在未来电力系统中的应用前景将更加广阔。

此外，储能技术的发展还得到了国家政策的支持和市场的双重认可。例如，中国的液流电池技术已经被列入国家能源局发布的《第三批能源领域首台（套）重大技术装备（项目）名单》中，显示了国家对这一技术路线的重视和支持。

（3）特高压输电技术的应用。

特高压输电技术以其卓越的远距离、大容量电力传输能力，正在成为全球能源转型的关键支撑。这一技术的发展，不仅使得清洁能源如风能和太阳能从资源丰富的偏远地区高效输送到能源需求较高的城市中心成为可能，而且极大地提高了电力资源的利用效率，减少了能源输送过程中的损耗。特高压输电技术的经济性和高效性已经得到了广泛认可。与传统的 500kV 超高压交流输电相比，1000kV 特高压交流输电的距离增加了 2～3 倍，输电容量提高了 4～5 倍，输电损耗仅为原来的 1/3，单位容量线路走廊宽度也仅为 1/3，单位造价只需 70%。此外，特高压输电技术的电磁环境指标均符合国家标准，噪声水平明显低于 500kV 输电工程。在推动电力资源配置优化方面，特高压输电技术发挥着至关重要的作用。例如，西部、北部的大型煤电基地通过特高压输送到东中部负荷中心的电力，其到网电价比当地煤电标杆上网电价低 0.06～0.13 元 /（kW·h）。这一价格优势，使得特高压输电在经济上更具吸引力。

此外，特高压输电技术的发展也得到了国家政策的大力支持。中国政府已经将特高压输电技术作为推动能源转型和实现可持续发展的重要手段。随着"十四五"可再生能源发展规划的实施，特高压输电技术将进一步促进清洁能源的大规模开发利用，推动能源结构的优化升级。在技术创新方面，特高压输电技术已经实现了从"跟跑"到"领跑"的跨越。中国不仅在特高压交流输电关键技术、成套设备及工程应用方面取得了重大突破，还在特高压 ±800kV 直流输电工程方面荣获国家科技进步奖特等奖，显示了中国在特高压电网建设方面的国际领先水平。

特高压输电技术的发展正在深刻改变电力行业的面貌，它不仅提高了电力资源的利用效率，优化了电力资源配置，还为可再生能源的开发提供了坚实的技术保障。随着技术的不断成熟和政策的持续支持，特高压输电技术将在全球能源转型中发挥越来越重要的作用。

（4）智能化施工设备。

随着科技的不断进步，智能化施工设备在电力建设工程中的应用日益广泛，这些设备以其高效和安全性显著提升了电力建设的质量和效率。

首先，无人机技术的应用在电力行业中越来越普遍。无人机不仅能够进行线路巡检，还能进行地质勘察，这大大提高了工作效率并增强了结果的精准度。例如，无人机可以携带多种检测设备，如可见光摄像头、红外热成像仪以及激光雷达（LiDAR）模块，对输电线路进行高精度检测。利用激光雷达的三维激光扫描技术，无人机能够获取线路及其周边环境的详细三维信息，快速生成点云模型，分析潜在的隐患。

其次，自动化挖掘机和起重机等重型施工设备的运用，通过减少人工操作，显著降低了安全风险。这些设备可以在恶劣的环境中工作，减少工人在危险环境中的暴露时间，从而保护工人的生命安全。例如，在广州市荔湾区西塱村大桥西园巷，广州供电局应用现场建筑 3D 打印技术建设配电房，这在全国尚属首例。该技术运用先进的计算机和控制技术，将传统的砌砖、浇筑等人工工序转变为工业自动化打印方式，大幅度提高施工的质量和效率。

同时，3D 打印技术在电力设施建设中的应用，展示了其快速制造复杂零部件的能力，有效缩短了施工周期。3D 打印配电房拥有传统工艺不可比拟的优势，机械施工代替人力施工，将大大降低人身安全风险。从电房基础开挖、3D 打印至电房装修完成全过程施工工期低于 35 天，比传统框架结构工艺缩短 30%，施工人员数量减少约 50%。3D 打印技术还带来了绿色环保的施工方式。它替代了传统的砌砖、抹灰工艺，降低了建筑粉尘污染，减少了雾霾，现场文明整洁，废料的产生量减少六成以上。产生建筑垃圾不超过 200t/ 万 m^2，低于绿色建筑标准 300t/ 万 m^2 的指标，在满足绿色建筑标准的基础上，再提升约 33%。

智能化施工设备的广泛应用，不仅提升了电力建设工程的效率和安全性，还促进了绿色低碳建设的发展。随着技术的不断进步，未来电力建设将变得更加智能、高效和环保。

2. 数智化发展：电力行业的新趋势

数智化发展是电力建设工程市场的另一大趋势。通过物联网、大数据、人工智能等技术的融合应用，电力工程的设计、施工和运营得到了全面的优化。

（1）物联网的应用。

物联网技术在电力工程领域的应用是一场革命性的变革。通过将各类传感器和智能设备连接到一个统一的网络中，物联网实现了对电力工程各个环节的实时监控和管理。这种技术的应用不仅提高了电力系统的可靠性和安全性，还极大地提升了电力资源的利用效率。

物联网技术通过安装在关键节点的传感器，能够实时监测输电线路的温度、负荷和电压等关键参数。这些数据的实时收集和分析，使得电力公司能够及时发现并排除潜在的故障，从而保障电网的稳定运行。例如，通过智能传感器技术，可以对电力设备的运行状态进行实时监控，及时发现设备异常，预防故障发生，确保供电的连续性和安全性。此外，物联网技术在资产管理和维护方面也发挥着重要作用。通过物联网设备收集的数据，电力公司能够更有效地管理其资产，提高设备的利用率和寿命。自动化和智能化的资产管理系统使得企业能够在不需要人员的情况下跟踪其资产的特定数据，从而减少问题、提高运营效率，并将更多的时间用于增值任务。物联网技术还通过预测性维护来优化资产管理。通过分析从设备中收集的数据，可以预测设备可能出现的问题，并在问题发生前进行维护，从而减少停机时间并提高资产的正常运行时间。这种基于条件的维护方法不仅提高了资产的运行效率，还降低了维护成本。

物联网技术的应用使得电力建设过程更加高效和安全。通过实时监控和数据分析，电力公司能够更好地管理其资产，提高设备的利用率和寿命，同时也为可再生能源的开发提供了技术保障。随着技术的不断进步，我们可以预见物联网技术将在未来的电力系统中发挥更加重要的作用。

（2）大数据分析。

大数据技术在电力工程中的应用，为电力系统的规划、调度和运行维护提供了强大的科学决策支持。通过采集和分析海量的数据，大数据技术能够为电力工程的各个环节提供深入的洞察和预测。

大数据分析通过对历史数据的挖掘，能够预测未来的用电需求。这种预测能力对于优化电网的调度和规划至关重要。例如，通过分析历史用电数据、天气变化、经济增长趋势等信息，可以预测不同地区和不同时间段的电力需求，从而帮助电力公司制订更合理的发电和输电计划，提高电网的运行效率和经济性。大数据分析对实时数据的监控和分析，能够实现对电网运行状态的全面监控。这种实时监控能力使得电力公司能够及时发现并处理电网中的异常情况，如线路过载、设备故障等，从而保障电网的稳定运行。通过对实时数据的分析，电力系统可以快速响应各种突发事件，减少停电事件，提高供电的可靠性。此外，大数据技术还可以用于电力系统的资产管理和维护。通过对设备运行数据的持续监测和分析，可以预测设备的维护需求和更换时间，从而提高设备的利用率和寿命。这种预测性维护不仅减少了意外停机的风险，还降低了维护成本，提高了电力系统的经济效益。

在电力系统调度优化方面，大数据技术的应用也展现出了其独特的优势。通过数据集成与智能分析，可以对电力系统中的海量数据进行深入分析，挖掘出其中的关联关系和隐含规律，为电力系统的运行管理提供科学的参考。此外，大数据技术还可以用于负荷预测与发电计划优化，以及电网运行状态监测与故障诊断，进一步提升电网的整体运行效率和安全性。

大数据技术通过对海量数据的采集和分析，为电力工程提供了科学的决策支持。这种技术支持了电力系统在面对复杂多变的运行环境时，能够做出更加精准和高效的决策，确保了电力供应的稳定性和经济性，同时也为电力系统的可持续发展提供了强有力的技术支撑。

（3）人工智能的应用。

人工智能技术在电力工程领域的应用是多方面的，其中突出体现在智能诊断和预测性维护两个方面。通过深入学习设备运行数据，人工智能能够识别出潜在的故障模式，这些模式可能包括异常的温度变化、压力波动、振动频率偏离正常范围等。一旦发现这些异常模式，系统便能够提前采取措施，比如调整运行参数、安排维护或更换零部件，从而避免设备损坏和停电事故的发生，确保电网的连续稳定供电。

此外，人工智能技术还广泛应用于电网的运行策略优化，提高能源利用效率。这包括通过机器学习算法对电网的负荷进行预测，优化发电计划和电力调度，以及通过深度学习模型对电网的运行状态进行实时分析，自动调整电网的运行参数，以适应不断变化的电力需求和供应情况。这种智能化的调控不仅提高了能源的使用效率，还有助于减少能源浪费，降低运营成本。

在电力系统中，人工智能的应用还涉及电力巡检目标检测、电力设备的智能监控和预测维护，以及电力市场交易决策等多个方面。例如，利用图像识别技术进行电力巡检目标检测，可以大幅提高检测的准确率和效率。在电力设备的智能监控和预测维护方面，人工智能技术通过对设备运行数据的分析，能够预测设备的失效情况，实现提前维护，避免因设备故障导致能源供应中断，提高发电系统的可靠性和效率。

人工智能技术在电力工程中的应用，不仅提高了电力系统的智能化水平，还为电力系统的安全、稳定和经济运行提供了强有力的技术支持。随着人工智能技术的不断进步和创新，其在电力工程领域的应用将更加广泛和深入。

3. 清洁能源需求的增加：电力行业的新挑战

随着公众环保意识的提升和节能减排政策的压力，清洁能源的需求大幅增加，这对电力建设工程市场提出了新的要求。

（1）可再生能源的快速发展。

在全球范围内，随着对气候变化问题的关注不断加深，清洁能源的需求量呈现出显著的增长趋势。风能和太阳能等可再生能源因其环境友好性和可持续性，成为能源转型的主要方向。这些清洁能源的开发和利用不仅有助于减少温室气体排放，还促进了电力行业的结构调整和转型升级。

为了适应这种发展需求，电力行业正在不断探索和采用新技术、新材料和新工艺，以提高工程的建设效率和运行的可靠性。同时，电力行业也在加强电网的升级改造，提高电网对可再生能源的接纳能力和调度灵活性，确保清洁能源的高效利用。根据国家能源局发布的数据，中国在可再生能源领域的进展尤为显著。截至 2023 年，中国可再生能源发电的装机容量已经超过了 1 亿 kW，这一数字不仅显示了中国在可再生能源领域的领先地位，也反映了中国在全球能源转型中的重要角色。中国的这一成就，不仅为国内提供了大量清洁、可靠的电力资源，也为全球可再生能源的发展和应用提供了宝贵的经验和模式。

清洁能源的快速发展正在推动电力行业向更加绿色、低碳的方向发展。随着技术的进步和成本的降低，预计未来可再生能源在全球能源消费中的比重将进一步提升，电力行业将继续在这一转型过程中发挥关键作用。

（2）能源结构的调整。

在当前全球气候变化问题日益严峻的背景下，电力行业正面临着前所未有的转型挑战。为了减缓气候变化的影响，电力行业必须采取措施逐步降低对化石燃料的依赖，转而增加清洁能源在能源结构中的比例。这一转型过程是复杂而深远的，它涉及能源生产、分配、消费等多个环节，需要多方面的支持和配合。

政策的引导对于电力行业的转型至关重要。政府可以通过制定一系列政策措施，为清洁能源的发展提供强有力的支持。例如，政府可以通过提供电价补贴，降低清洁能源项目的成本，使其在市场上更具竞争力。税收优惠政策则可以激励企业和个人投资清洁能源项目，以加速新技术的研发和应用。此外，政府还可以通过立法和规划，为清洁能源项目提供土地使用、环境评估等方面的便利。

市场的配合也是推动电力行业转型的关键因素。随着公众对气候变化和可持续发展认识的提高，市场对清洁能源的需求正在不断增长。企业和消费者越来越倾向于选择清洁、低碳的能源解决方案。市场机制，如碳交易市场，也为减少温室气体排放提供了经济激励。此外，金融机构对于清洁能源项目的贷款和投资，为电力行业转型提供了必要的资金支持。

电力行业减少对化石燃料的依赖，增加清洁能源比例的转型，是一个需要技术、政策和市场共同推动的系统工程。随着各方面条件的不断成熟，电力行业将逐步实现清洁、高效、可持续的能源供应，为应对气候变化和实现可持续发展目标做出重要贡献。

（3）环境保护的要求。

在应对气候变化的全球行动中，电力行业扮演着至关重要的角色。为了减少温室气体排放，电力行业正逐步转型，减少对化石燃料的依赖，同时增加清洁能源的比例。这一转型过程不仅需要技术创新的支撑，还需要政策的引导和市场的配合。

在电力建设工程中，环境保护的重要性日益凸显。为了减少对生态环境的影响，电力建设工程需要采取有效的措施，如进行环境影响评估，以确保项目的可持续性。根据《环境影响评价技术导则 输变电》（HJ 24—2020），输变电建设项目环境影响评价工作应包括电磁、声、生态、水、大气等要素的环境保护要求。这些措施有助于保护环境，同时也符合社会对可持续发展的期待。

4. 市场环境变化的综合影响

（1）市场竞争的加剧。

在当今这个快速发展的科技时代，电力行业正经历着前所未有的变革。技术创新和数智化发展不仅推动了电力行业的转型，也加剧了市场竞争的激烈程度。传统电力企业正面临着来自新兴市场参与者的挑战，这些新兴企业凭借技术创新和灵活的商业模式，迅速占领市场份额。

新兴市场参与者通常拥有更为灵活的运营模式和更快的决策过程，这使得它们能够迅速适应市场变化，并推出创新的产品和服务。例如，一些新兴企业通过采用先进的数据分析和人工智能技术，能够更准确地预测电力需求和供应，从而优化电网的运行策略，提高能源利用效率。

为了保持竞争优势，传统电力企业必须加快转型步伐。这意味着它们需要在技术创新上进行投资，比如开发更高效的发电技术、改进电网的智能化管理，以及采用先进的储能解决方案。同时，传统企业也需要在管理上进行升级，比如通过引入敏捷的管理方法和数字化工具，提高企业的响应速度和运营效率。

电力行业正处于一个变革的十字路口。技术创新和数智化发展为行业带来了新的机遇和挑战。传统电力企业必须适应这些变化，通过技术创新和管理升级，以保持在激烈的市场竞争中的领先地位。而新兴市场参与者的崛起，也为电力行业带来了新的活力和创新，推动了整个行业的持续发展和进步。

（2）政策环境的变化。

随着全球对气候变化问题的关注不断加深，清洁能源的需求量正在全球范围内急剧上升。为了应对这一挑战，各国政府正在不断调整其在电力行业的政策，以促进清洁能源的发展和利用。这些政策调整不仅包括对可再生能源项目的直接支持，如电价补贴和税收优惠，还涵盖了对智能电网建设的鼓励和支持，以提高电网对新能源的接纳能力和效率。

在未来，我们可以预见，政府将推出更多旨在支持可再生能源和智能电网建设的政策。这些政策将通过多种方式发挥作用，例如，通过提供财政激励来降低清洁能源项目的投资成本，或者通过建立市场机制来促进清洁能源的消纳。例如，中国政府在《2024—2025年节能降碳行动方案》中提出了加大非化石能源开发力度、提升可再生能源消纳能力、促进非化石能源消费等一系列措施，这些措施将为电力行业提供更多的发展机遇。

同时，政府也在推动能源绿色低碳转型体制机制和政策措施的完善，以实现能源结构的优化和升级。这包括推动构建以清洁低碳能源为主体的能源供应体系，建立清洁低碳能源资源普查和信息共享机制，以及建立清洁低碳能源开发利用的国土空间管理机制等。

这些政策变化为电力企业提供了新的增长机会，但同时也带来了挑战。电力企业需要及时调整其战略，以适应政策的变化和市场的需求。这可能涉及对现有能源生产方式的改进，对新能源技术的投资，或者对业务模式的创新。例如，企业可能需要加大对风电、太阳能等清洁能源项目的投资，或者开发新的智能电网技术，以提高能源的利用效率和可靠性。

（3）社会责任的提升。

在全球范围内，企业社会责任的重要性日益凸显，这已成为衡量企业成功的重要指标之一。电力行业作为能源领域的核心部分，承载着推动社会可持续发展的重要使命。在追求经济效益的同时，电力企业必须承担起保护环境的社会责任，这不仅是对环境的负责，也是对人类未来的投资。

首先，电力企业通过投资清洁能源技术，如风能、太阳能、地热能等，不仅能够减少对化石燃料的依赖，降低温室气体排放，还能促进能源结构的优化和升级。这些清洁能源项目的开发和运营，有助于减缓全球气候变化的速度，保护生态环境，同时也为企业带来新的增长点和竞争优势。其次，电力企业在推动绿色发展的过程中，需要积极参与到环境保护的行动中。这包括采用先进的环保技术和设备，减少生产过程中的污染物排放，以及加强对废弃物的回收和循环利用。通过这些措施，电力企业能够有效减少对环境的负面影响，提升自身的环境绩效。此外，电力企业在项目规划和建设过程中，必须充分考虑环境影响评估（EIA），确保项目的可持续性。EIA 作为一种预防性的环境管理工具，能够帮助企业识别、评估和管理项目可能产生的环境影响，从而采取相应的缓解措施。这种做法不仅有助于企业遵守环境保护法规，还能够提高企业的社会形象和公众信任度。

通过这些综合措施，电力企业不仅能够在市场竞争中保持领先地位，还能够为社会的可持续发展做出积极贡献。随着全球对气候变化和可持续发展的重视程度不断提高，电力企业在环境保护和社会责任方面的努力将越来越受到认可和鼓励。

技术创新、数智化发展和清洁能源需求的增加，正在深刻改变电力建设工程市场的环境。电力行业需要不断适应这些变化，通过技术创新提高效率，通过数智化转型提升管理水平，通过清洁能源的开发利用满足市场需求，以实现可持续发展。未来，电力行业将在这些方面继续探索和创新，以应对不断变化的市场环境和社会发展需求。积极应对这些挑战，在不断发展自身的同时还能为全球的可持续发展做出积极贡献。

1.2　电力施工企业人工成本管理的意义

1.2.1　优化成本管控水平

1. 促进成本控制，提升经济效益

电力建设工程项目通常投资额巨大，人工成本作为施工成本的重要组成部分，其管理水平直接决定了项目的整体成本。有效控制人工成本，可以显著减少不必要的开支，提高资金利用效率，进而增加项目的利润空间。这对于企业的经济效益和可持续发展具有重要意义。与此同时，在当前激烈的市场竞争环境下，成本控制能力是电力工程核心企业竞争力的关键体现。企业通过优化人工成本管控水平，有助于确保项目质量达标且按期交付的基础上，总成本费用降低，进而提升企业在投标报价过程中的优势地位，使企业获取竞争优势。

2. 优化资源配置，提高工作效率

人工成本管理要求电力工程企业根据项目的实际需求，合理配置人力资源。人工成本管理主要包括具有专业技能和经验的员工、合理安排工作时间和工作量以避免人力资源的浪费、制定员工薪酬体系与职业发展机会、设定员工培训与考核计划等。合理的人工成本管理一方面能够提升员工的满意度和忠诚度，通过激发员工工作主动性提升其工作效率，且降低因员工流失而造成的管理与培训成本增加。另一方面，合理的人工成本管理也能够降低项目工时浪费，加快项目进度，提升项目绩效。

1.2.2 推动技术更新升级

1. 推动技术转型，促进产业升级

有效的人工成本管理有助于电力工程企业优化资源投入，促使其将更多资源用于新设备采购与技术研发，进而推动其技术转型与更新，提升可持续发展能力。与此同时，作为电力行业的重要组成部分，电力工程企业的技术更新也能推动产业升级，促进电力行业更有效地应对能源结构调整、环保要求提升以及可再生能源快速发展等当前行业面临的挑战，推动行业的高质量发展。

2. 提升管理水平，推动管理创新

人工成本管理要求电力工程企业构建健全、完善的管理体系，其主要包括制定完善的人工成本管理制度、建立高效的成本核算与分析机制、形成科学的成本控制与优化系统。通过不断对管理体系进行优化，企业可以提高综合管理水平与能力，从而为企业的长远发展奠定坚实基础。与此同时，电力工程企业在强化人工成本管理机制的过程中，将不断对管理的工具与方法进行改进与创新，比如，构建基于数据驱动的人工成本超支预警体系，开发基于人工智能的人工成本优化与决策体系，这些管理工具与方法的应用也将推动电力工程企业管理模式的创新，促进企业竞争力的提升。

1.3 电力施工企业人工成本管理的挑战

1.3.1 传统人工成本管理方式的不足

1. 成本管理手段单一，管理体系滞后

电力工程企业传统的人工成本管理方式往往缺乏系统性与全面性，管理过程中通常将人工成本分为多个独立部分进行单独管理，而忽视从整体入手进行

成本预测、分析、控制与优化，难以发挥人工成本管理的整体化效能。此外，在传统成本管理模式下，部分电力工程企业仍然采用手工记录、分析核算的方式，导致效率较低，管理的精细化水平有待提升。

与此同时，传统的人工成本管理模式往往缺乏宏观与战略的视角，在此模式下，部分企业往往只关注短期成本的节约，忽略了从企业长期发展的角度制订人工成本管理规划，导致企业的管理行为难以适应长期发展的需求。

2. 成本计划制订不精细

传统人工成本管理模式下，电力工程企业在制订成本计划过程中，往往依据历史数据，而对当前项目的特点以及环境的动态变化特性考虑不足，导致所形成的成本计划方案难以准确反映当前项目的实际情况。此外，传统人工成本计划制订方式对环境变化的响应性不足，当项目所处的外在环境发生动态变化时，依据传统模式所形成的人工成本计划往往在调整上存在滞后性，导致对于变化情况的适应性较差。与此同时，传统人工成本计划制订模式由于所应用工具与方法的局限，导致影响成本的因素难以进行深入性的分析，其科学性与精确性较差。

3. 成本控制机制不科学

电力工程企业传统的人工成本控制机制主要面临以下不足：首先，数据传递与处理存在延迟性，由于在传统的人工成本管理模型下，电力企业主要依赖手工录入与纸质报表的方式进行数据整理，导致数据整理与传递的周期较长，从而致使一旦发生成本的超支与偏差，企业难以进行快速响应，进行成本超支分析与纠偏，其次，缺乏成本超支风险预警机制，传统的人工成本管理模式缺乏完善的成本动态监测与预警机制，对于成本变化风险的快速识别能力较差，导致成本超支问题被发现时，往往已经造成了较大影响，失去了进行成本纠偏的黄金时期；再者，传统的成本管理模式由于缺乏先进的数据分析工具与方案，致使难以深入探究的成本超支的影响因素，从而制约了成本控制措施的有效性。

4. 先进信息技术与方法应用不足

电力工程企业制订科学的人工成本管理计划与控制措施以获取充足、完备的信息为基础。然而，电力工程企业传统的人工成本管理模式与大数据、云计算和区块链等先进信息技术与方法的结合性不足，从而导致施工企业内部各部门间、施工企业与其他项目参与方之间存在信息与数据的共享不充分，不同主体之间"信息孤岛"现象突出，信息交换与传递过程存在缺乏统一信息编码体系，进而影响有效人工成本管理计划与控制措施的制订。

1.3.2　当前人工成本管理的挑战

1. 市场竞争加剧与成本压力

电力工程从业企业数量的增多导致市场竞争的激烈程度增大，企业为在激烈的竞争环境中赢得项目，通常会在投标过程中压低报价，而报价的压低不仅进一步压缩了企业的利润空间，也对其人工成本管理带来了更大的压力。与此同时，近年来，原材料价格成本不断提升，致使项目总成本增加的压力不断增大，在此背景下，企业为对项目总成本进行有效控制，将会进一步寻求人工成本管理效益与水平的提升，从而为人工成本管理带来更高的要求。

2. 劳动力供给不足

随着人口老龄化的加剧和新生代劳动力择业观的变化迁移，工程建设行业面临劳动力供给不足的压力，进而导致企业在员工招聘、员工培训等面临更大的成本上升压力。与此同时，在劳动力供给不足的背景下，为保持其内部人员的稳定，企业将被迫提升员工的薪资待遇和福利水平，从而进一步提升其人工成本管理的压力。

3. 法律政策变化与合规性要求

近年来，随着国家对工程建设行业管理的逐步完善，施工企业用工、员工薪酬和社保等方面的政策法律也在发生相应的变化，上述变化对施工企业的人工管理提出更高的要求与挑战。与此同时，随着近年来社会对于农民工等群体合法权益的愈发关注，行业主管部门对于施工企业合规性的要求愈发严格，在此背景下，企业将投入更多的资源与成本响应合规性要求，从而提升了其人工成本管理的压力与挑战。

4. 先进技术发展与数字化转型

近年来，科学技术的快速发展带来行业的转型升级，在此背景下，以人工方式进行信息收录与整理的传统人工成本管理模式已经无法满足行业需求，电力工程企业迫切需要与先进技术进行深度融合，通过应用大数据、人工智能等工具，加快构建人工成本变化预警体系以及智慧化的成本控制与优化系统。与此同时，数字化转型是当前企业发展的必行趋势，企业在数字化转型过程所进行的信息管理系统搭建、员工培训等活动，也将对其人工成本管理带来影响与挑战。

1.4　电力施工企业人工成本管理挑战的突破路径

目前，电力施工行业之间竞争逐渐加剧，新的市场环境层出不穷。而且由于电力施工行业的特殊性，使其在作业的过程中面临着许多不可控的因素，比如天气复杂多变、地质环境的不确定性、相关设备操作复杂等，这些因素都会增加施工的难度。在这些条件下，为了保证施工的质量、施工过程的安全性以及效率，有效的人工成本管理手段就显得非常重要。通过 1.3 节不难发现，目前传统的人工管理手段在新环境中面临着巨大的挑战，探索新的管理路径迫在眉睫。

1.4.1 强化人工成本动态管理理念

人工成本动态管理是一个基于数据驱动的人工成本管理理念，这一理念可以对劳动力市场数据、项目进度数据和成本数据进行实时收集和分析，实现对人工成本进行精准预测和动态调整，以便企业进行精细化管理，更好地响应项目的实际需求和环境变化。此外，企业还可以提高人力资源管理的灵活性，实现企业资源的动态配置，据此对施工过程中的人员配置进行优化，还可以减少因人员配置不当造成的施工浪费和返工现象。

1. 数据实时调整，提升管理精度

动态管理的核心就是对实时收集的数据进行分析，从而能够有效地优化人工成本的预算和控制，降低对过时的或静态的数据依赖。这种方法可以允许企业对劳动力市场变化、项目需求波动以及其他影响人工成本的外部因素快速响应。

在当前市场环境多变的情况下，历史数据的可参考性大大降低。而动态管理可以对数据进行实时调整，使企业可以对劳动力需求和相应的成本进行精准预测。另外，这种预测是基于当前和历史数据的，企业还可以基于此利用先进的分析工具，例如，机器学习和人工智能等，对未来的人工成本趋势做出更为准确的预算决策。

此外，动态管理理念还可以帮助企业提升管理精度。这种管理精度的提升能够有效地作用在对人工成本的持续监控和控制等方面。通过对人工成本的实时追踪，企业可以快速识别管理过程中的成本偏差，及时采取应对措施进行调整。这种管理方式不仅有助于企业在项目执行过程中保持成本控制的主动性和灵活性，而且还可以提高企业的竞争力和盈利能力。

2. 动态配置资源，提高管理效率

电力施工企业传统人工成本管理模式具有的局限性还表现为数据录入与分析核算采取手工方式、管理粗犷、效率不高。在资源配置方面，一般在项目开始前就会根据项目预算和历史数据完成人力资源的分配，并且在后续的运作中很少会根据实际进展再次进行调整。这种管理方式，无法对外部环境的变化和项目的内部的突发事件做出快速反应，很容易在成本控制过程中陷入被动。强化人工成本动态管理理念，允许企业在项目实施过程中科学、合理地分配人力、

物力和财力资源，实现资源的动态管理。

　　一方面，动态配置资源可以保证项目在复杂多变的环境中顺利地实施并完成，还可以帮助企业持续地监控项目的进度、资源使用情况以及及时地发现风险，从而确保项目能够在计划内进行。例如，在对项目的实时追踪过程中，企业可以选取项目的关键指标，并建立反馈机制，实现对项目实施过程中的偏差和问题进行快速响应。另一方面，动态资源管理还强调明确的责任分配和清晰的沟通渠道，这可以有效地减少管理过程中的冗余环节，实现快速解决问题和及时调整计划。而且，动态配置资源可以通过识别项目中可能出现的风险，制定有效的风险应对策略，保证在遇到不确定性情况时能够迅速地采取行动，提高企业的管理效率和准确性。

3. 快速识别风险，提升决策质量

　　在传统的人工成本管理过程中，决策的制定通常依赖于过往的历史数据和经验判断。但是，这种决策方式往往会受到信息不对称的影响。例如，市场信息获取不全面、供需关系的多变等因素都会在一定程度上影响着企业的最终决策。另外，传统的人工管理方法，并不能做到实时了解劳动力市场的变化，而且信息传递的滞后，使企业不能根据市场的供需变化，及时调整工资水平和人力资源的配置，从而使企业面临着巨大的成本超支风险。上述这些问题的存在表明传统的人工成本管理在当前的市场环境中存在着严重的滞后。人工成本动态管理理念的引入，使企业可以通过先进的信息技术。例如，大数据分析、人工智能等，对人工成本数据进行实时地捕捉和分析，帮助企业精准决策，更快地识别成本超支的临界点。

　　例如，动态管理理念的引入，一方面使企业在项目初期建立相对完善的风险预警机制，对人工成本进行实时且持续的监控，从而使企业在发现成本有异常风险的初期，及时采取相应的管理措施针对异常进行纠偏，使企业进行主动式的风险管理，可以在风险发生时迅速响应，从而减少成本超支的可能性，避免后期的重大损失。另一方面，在动态管理下，企业可以利用实时的数据构建预测模型，针对掌握的数据进行细致的分析，从而预测项目不同阶段的人工成本需求，进而在进行项目规划过程中做出更加合理的人力资源分配和成本控制决策，这样不仅提高了决策的科学性和准确性，还能够提升企业的运营效率和竞争力。

1.4.2　打造动态人工成本监测体系

1. 建立风险预警机制，超支风险快速识别

电力工程企业传统人工成本管理模式在成本超支风险识别以及成本纠偏的

过程中存在滞后性。通过实施人工成本动态管理，有助于电力工程企业建立成本风险实时预警机制，使施工企业能够对市场供求状况、法律法规变化、政府指导价变化等人工成本影响因素予以及时发现，快速识别人工成本超支风险并评估其严重程度，从而为后续成本超支风险有效应对提供基础。

2. 形成动态监测体系，成本变动实时纠偏

建立人工成本动态监测体系，将使电力工程企业实时掌握成本变动与发展情况，在识别到人工成本变化异常的情况后，能够及时予以响应，采用纠偏措施，从而确保成本管理目标的实现。与此同时，实施人工成本动态监控，可使电力工程企业获取成本变动的实时数据，从而提高其成本控制策略制定的科学性。此外，构建人工成本动态监测体系所形成的大量数据，也将为电力工程企业在后续的项目成本管理决策制定提供支持。

1.4.3　推动施工企业数字化转型

1. 数据自动化采集与处理，提升人工成本管理效率

数字化转型将创新施工企业的数据获取模式与渠道，通过 BIM、GIS 与移动互联网等先进数字工具的应用，施工企业能够实时掌握人员投入、工时等信息，并实现对于人工成本数据的自动录入、分析与审核，降低成本数据获取时间，实现人工成本管理计划快速制订，人工成本偏差及时响应，提升人工成本管理效率。此外，数字化转型也将降低电力施工企业管理成本，数字化转型实现了数据的自动化获取，降低了以手工录入为主的传统人工成本管理模式在数据录入与处理过程中花费的巨大成本，从而实现管理效益的提升。

2. 数据智能化分析，提升人工成本管理决策质量

首先，数字化转型能够提升电力施工企业人工成本管理决策数据支持的丰富性，数字化转型有利于实现多部门之间的协调，通过建立多部门管理的信息平台，将不同部门的信息与数据予以集成，实现不同部门之间的信息共享，并为人工成本管理的科学决策提供丰富的数据支撑。其次，数字化转型能够提升人工成本管理决策的实时性，通过物联网技术快速获取人员的工时、施工进度等信息，并利用移动互联网技术等对数据进行及时传递，有利于电力施工企业对于识别的成本管理偏差问题等进行快速决策与响应，降低传统人工成本管理模式决策的滞后性。最后，通过数字化转型，施工企业将利用大数据技术等对获取数据的进行深度分析，识别造成人工成本偏差的深层次原因，梳理人工成本变化趋势与规律，编制科学的人工成本管理计划和控制决策。

第 2 章

电力施工企业人工成本动态监测体系构建

对于电力施工企业而言，有效控制项目的人工成本不仅是提升管理效率、拓宽利润空间的关键，也是增强市场竞争力、推动企业可持续发展的重要途径。因此，构建一套高效的人工成本动态监测体系，对于电力施工企业在招投标、成本分析、造价管理以及产业管理等方面具有重要意义。本章将深入探索电力施工企业人工成本动态监测体系的构建过程。首先，系统性地介绍该体系的框架设计，详尽阐述其构成要素与运作机制；其次，深入剖析数据资源驱动与信息技术赋能如何成为人工成本动态监测的强大助力；最后，通过这两者的融合，旨在建立一套全面、精准且实时的人工成本动态监测体系，从而为电力施工企业的人工成本管理提供辅助与支持。

2.1 电力施工企业人工成本动态监测体系的框架设计

为真正了解电力施工企业的成本状况，并确保能够实时把握施工企业的成本变动情况，建立一套高效的人工成本动态监测体系尤为重要。此框架设计将致力于整合多源数据，运用先进技术手段与科学管理理念，打造一个能够实时追踪、深入分析并及时反馈人工成本信息的综合性体系，提升企业对人工成本管理的科学性和有效性。

2.1.1 框架设计思路

为了构建一个高效且能满足电力施工企业需求的人工成本动态监测体系，必须对多个关键要素进行综合集成，以形成一个逻辑清晰、协同运作的有机整体。该体系设计聚焦于数字技术赋能，实现数据的全面采集、高效处理与深度分析，深度挖掘并发挥数据的价值，构建精准的成本预测模型，进而有效指导电力施工企业的人工成本管理决策。

人工成本动态监测体系核心在于数据和智慧工程管理系统的应用。在数据层面，该体系致力于整合电力施工企业的内外部数据资源，并确保数据的持续更新，以此构建动态人工成本数据库。这个数据库可实现电力施工企业人工成本数据的线上化与规范化管理，推动数据的高效流通与开放共享。智慧工程管理系统则作为该体系的技术驱动核心，通过程序接口、实时数据流传输以及先进的数据分析技术，实现了对人工成本数据的深度挖掘与智能应用。该系统能够动态地处理与分析人工成本相关数据，为电力施工企业在数据采集、分析及预警等各个环节提供便捷而高效的工具支持。借助数字技术，智慧工程管理系统极大地提升了企业内部管理的透明度与灵活性，优化了资源统筹配置的效率，进而驱动企业人工成本管理决策的科学化与精准化。

　　基于此，电力施工企业人工成本动态监测体系创新性地构建了"数据采集—动态人工成本数据库—数据分析与预警"三位一体的"三明治"模式框架，该框架自上而下分为数据采集、动态人工成本数据库、数据分析与数据预警三个层次，如图 2-1 所示。其中，数据采集和数据分析与数据预警是智慧工程管理系统的重要组成部分。

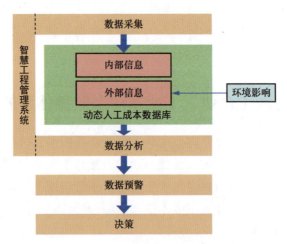

图 2-1　人工成本动态监测体系的框架设计

　　上层为数据采集，该层聚焦于施工过程中的关键要素信息采集，包括施工人工、材料、机械消耗量等，采集到的数据会被导入到中间层的数据库中，为后续的数据处理、分析及应用提供了全面、准确且及时的信息支持。中间层为动态人工成本数据库，该层作为数据的"蓄水池"，承担着存储、归类和管理来自企业内外部所有与人工成本相关的数据的职能。该层级为下层的数据分析与预警提供了丰富且有序的数据资源，确保数据的完整性和可用性，是电力施工企业人工成本动态监测体系的核心。下层为数据分析与数据预警层，该层对动态人工成本数据库中的数据进行深入分析，探寻数据中蕴含的规律与趋势，对成本做出较为具体的预计和测算，测定各项定额和标准，并根据预设的阈值和特定的业务规则，对动态人工成本数据库中的数据进行实时监控与评估，确保电力施工企业能够及时应对人工成本异常问题。

　　"三明治"模式中每层都承载着特定的功能和价值，彼此相互协同，共同构成了一个能高效运转、精准预测、智能决策的人工成本动态监测体系，帮助电力施工企业在复杂多变的环境中实现人工成本的有效控制和管理决策的科学制定。

2.1.2 人工成本动态监测体系的组成要素

电力施工企业的人工成本动态监测体系是一个综合性的系统，旨在动态监测电力施工企业现场施工人工成本情况，为企业成本分析、造价管理等提供多维度的决策支持。该体系主要由动态人工成本数据库、智慧工程管理系统、技术支持系统三大要素构成。

1. 动态人工成本数据库

（1）构成。

动态人工成本数据库存储来自智慧工程管理系统实时收集的企业内部信息与以市场调研和公开信息收集的方式获取的企业外部信息。内部信息包括人员基本信息、工种人数信息、考勤信息、工作量信息、工作时长、人工单价等。外部信息包括同业信息、法律法规、行业标准等。这些内外部信息互为补充，共同构成了动态人工成本数据库丰富而全面的内容体系，为电力施工企业进行科学、合理的人工成本动态监测和管理提供了有力支撑。

依据现有的人工成本数据库结构特点和电力施工企业对于人工成本管理的实际需求，精心设立由数据存储、数据查询、数据输出、数据安全这四大模块所构成的动态人工成本数据库，与智慧工程管理系统和行业协会等建立联动机制，做到人工成本数据的动态储备与及时更新，实现电力施工企业人工成本信息的动态管理。

其中，数据存储模块充分考虑到人工成本数据的多样性和复杂性，运用先进的数据存储技术，确保诸如员工薪资信息、福利补贴明细、培训费用记录、劳动保护支出等各类数据都能安全、有序地保存，同时优化存储架构，以适应企业规模不断扩大和数据量持续增长的情况。数据查询模块则为用户提供便捷、高效的查询功能。无论是按照员工姓名、部门、岗位等基本信息进行精确查询，还是依据时间范围、成本类型等条件进行模糊查询，都能迅速准确地获取所需的人工成本数据，极大地提高了数据查询的灵活性和效率。数据输出模块设计得极为灵活，能够以多种格式输出人工成本数据，方便电力施工企业进行数据分析、预警和决策使用，并且可以根据用户的特定需求定制输出内容和格式，满足不同用户在不同场景下对数据展示的需求。数据安全模块是保障数据库安全和稳定运行的关键，通过严格的用户权限设置，区分不同级别用户的操作权限，同时对用户的登录、操作行为进行记录和审计，确保数据库的每一步操作都可追溯，防止数据泄露和非法访问。

（2）作用。

首先，数据存储与更新。动态人工成本数据库将人工成本相关的数据进行系统化管理，保证数据的准确性和可追溯性，为成本优化提供可靠的数据支持。数据库详尽地存储了在工程实施过程中各类人工的消耗数据，包括不同工种、不同阶段的人工使用情况、出勤情况等，不仅为企业未来的项目提供了人工成本测算的经验和关键数据参考，而且随着未来项目的完成，其最终的人工成本结算/核算数据又反过来为数据库增添了新的实践数据。这样的循环不断充实和更新着企业的人工成本数据库，使其成为企业级完备的数据资源。其次，数据分析与决策支持。电力施工企业可以利用人工成本数据库中的数据，分析过去一段时间内人工成本的变化趋势和规律。基于历史数据分析的结果，企业可以建立人工成本评估模型，对未来一段时间内的成本进行预测，预测结果可以为企业的成本控制和决策提供重要参考。再次，人工成本阈值制定的依据。动态人工成本数据库可以作为确定人工成本阈值的重要参考依据，以成本数据库为支撑，制定科学合理的阈值，有利于实现对人工成本的科学管控。同时在数据库迭代更新的过程中，也可以不断地优化和更新人工成本阈值。最后，定额调整的依据。现行电力行业定额最大的问题是定额人工单价明显低于市场价格，定额消耗量明显高于实际投入，人工成本数据库为定额的价格调整提供动态数据，使定额水平能够满足新形势新要求下增加的资源投入导致的成本增加。

如图2-2所示，动态人工动态成本数据库作为数据支撑平台，以确保成本数据的准确性、及时性与可追溯性，为管理决策提供坚实的数据基础。对于电力施工企业而言，人工成本数据库的建立和维护是提升企业成本管理水平、增强企业市场竞争力的关键因素。通过实现精细化的成本管理，企业不仅能够更有效地控制成本，还能够在激烈的市场竞争中获得优势。因此，企业必须重视人工成本数据库的建设和维护工作，并将其视为提升人工成本管理水平的重要手段。

2. 智慧工程管理系统

（1）构成。

智慧工程管理系统是综合性、智能化很强的信息整合、业务管理与决策支持平台，包含数据采集、数据分析、数据预警三个核心层面，如图2-3所示。数据采集层通过物联网技术和各类传感器设备，实时、准确地获取施工现场的各类数据。数据分析层以动态人工成本数据库为基础，利用大数据技术和先进的算法模型，对海量数据进行深度挖掘和分析，揭示数据背后的规律和趋势，为决策提供科学依据。数据预警层则能够基于分析结果，及时发现并预警潜在的安全隐患和管理问题。

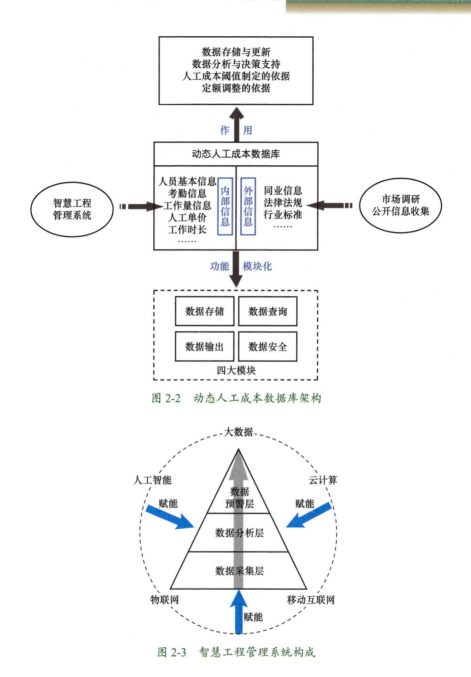

图 2-2　动态人工成本数据库架构

图 2-3　智慧工程管理系统构成

　　在技术赋能方面，系统深度融合了云计算、大数据、物联网、移动互联网、人工智能等前沿技术，实现了数据的即时采集、高效传输与智能处理，进而帮助电力施工企业实现人员管理、考勤管理、违章管理、数据统计分析等多个功能。云计算凭借强大的数据存储和处理能力，为大规模数据的实时分析和决策提供支持；大数据侧重对海量数据进行挖掘和分析，为管理决策提供科学依据；物联网通过传感器、RFID 等技术实现设备互联，实现工地现场的智能化监控和管理；移动互联网支持移动设备访问系统，实现远程办公和现场管理的无缝对接；人工智能运用机器学习、深度学习等技术进行智能分析和预测，提高管理效率和准确性。这些技术的集成应用，使得系统能够实现对工地现场的全方位、多层次、精细化的监控与管理。另外，系统还充分考虑到了数据安全的重要性，集成了国密级安全密钥，为数据的传输与存储提供了严密的保护，有效防止了数据泄露与非法访问的风险。

（2）作用。

首先，提高数据管理效率。智慧工程管理系统有效解决了数据量大、更新频繁和数据类型多样导致的数据管理问题。系统将更多的数据管理任务分配给服务器，在互联网端规范数据管理分类，从而提高了数据存储、查询和分析的效率。其次，增强施工过程的可视化与控制。基于三维集成建模等技术，智慧工程管理系统实现了施工全过程的可视化和实时控制。项目经理可以通过浏览器实时查看三维模型，模拟每个阶段的施工方案，掌握施工状态。这种可视化和控制手段，不仅提高了施工过程的透明度，还能够及时发现和解决施工中的问题，确保工程进度和质量。最后，辅助成本管理决策。管理人员可基于智慧工程管理系统所收集、分析的丰富数据，洞察人工成本在不同时期、不同项目规模下的变化规律，做出更加科学、合理的人工成本管理决策，实现对工程项目全周期的精细化管理。

3. 技术支持系统

技术支持系统是指除智慧工程管理系统以外可支持电力施工企业人工成本管理的计算机、数据网络与通信设备、各种技术标准和应用软件的有机组合。由于电力施工企业涉及基建项目数量及种类多、所需信息的数量较大，人工成本的动态监测仅靠智慧工程管理系统进行数据收集与分析是不全面的，可借助目前已有的其他数字化技术支持系统辅助。同时，电力施工企业在未来可规划与探索研发新的技术支持系统，整合计算机硬件资源、构建稳定高效的数据网络架构以及引入部分基础的应用软件，使其具备收集与分析多源人工成本数据的能力，与智慧工程管理系统协同作业，弥补后者在某些特定数据处理上的不足。

2.1.3　人工成本动态监测体系的运行机制

人工成本动态监测体系在电力施工企业中具有至关重要的作用，它通过一系列精心设计的机制，实现了对人工成本数据的全面、实时、精准监测，为电力施工企业的人本成本管理决策提供了有力的支持，该体系的运行机制如下：

1. 数据采集机制

人工成本动态监测体系所需数据的来源较为广泛，除了从人才市场、政府部门、电力行业等获取的数据以外，数据采集工作主要依赖于高效运作的智慧工程管理系统，此系统综合集成多种技术手段，旨在实现对人工成本相关数据的全面、实时和精准采集。通过物联网技术、监控摄像头、传感器、智能门禁等，实时收集到与员工工作状态、成本消耗直接相关的数据，如人员基本信息、人工单价等。数据采集机制实现了对人工成本数据的即时捕获与监控，保障了电力施工企业对成本变化趋势的敏锐洞察。

2. 数据分析机制

数据分析机制主要通过数据可视化、人工智能和数据挖掘等技术，对动态人工成本数据库中的数据展开多维度分析，包括人工成本消耗水平、施工企业人工成本与定额水平以及施工劳务市场的企业供给曲线等方面。借助这一机制，电力施工企业能够深入剖析影响人工成本的各类因素，并据此建立人工成本评估方法或模型，获取人工价格指标、消耗量指标、投入与产出指标等多项指标，帮助电力施工企业对成本结构进行全面剖析，揭示成本节约的潜在空间，为制定更为精确的成本管理策略提供数据支撑。

3. 数据预警机制

数据预警机制通过智慧工程管理系统对实际人工成本数据进行实时监测，一旦数据达到设定的预警阈值或出现异常情况，立即触发预警信号，提醒电力施工企业进行预警分级处理，直至预警解除。数据预警机制包括人工成本控制投入产出纵向预警和横向预警两个方面，纵向预警需要在调查行业人工成本利润等投入产出指标的基础上进行构建，如果调查的上述指标与企业的历史平均数据相比偏差太多，应发出警报。横向预警是当企业投入产出水平与行业平均水平偏差过大时，发出警报。数据预警机制不仅能促进电力施工企业对成本费用超支的早期识别，还能提高企业的风险预警能力，使管理层能够基于实时数据做出调整，优化人工成本控制策略。

4. 辅助决策机制

辅助决策机制将动态人工成本数据库与智慧工程管理系统进行集成，为决策者提供全面的信息和技术支持。在项目招投标与施工阶段，人工成本动态监测体系可实现将关键的财务与人工成本信息实时、准确地反馈给管理层，以可视化的数据呈现方式，如图表和趋势曲线，使管理者能够迅速把握数据背后的深层含义，从而做出更加有效的决策，在决策实施过程中，人工成本动态监测体系能持续跟踪决策对人工成本的实际影响，收集相关数据并进行分析，并根据决策跟踪结果，对决策方案进行优化调整，以此保障电力施工企业在人工成本控制方面的科学化和精细化。

如图2-4所示，人工成本动态监测体系借助数据采集、数据分析、数据预警以及辅助决策四大机制构建起一套完备流程，各环节间衔接紧密，可帮助电力施工企业实现对人工成本的精准监控和有效管理。

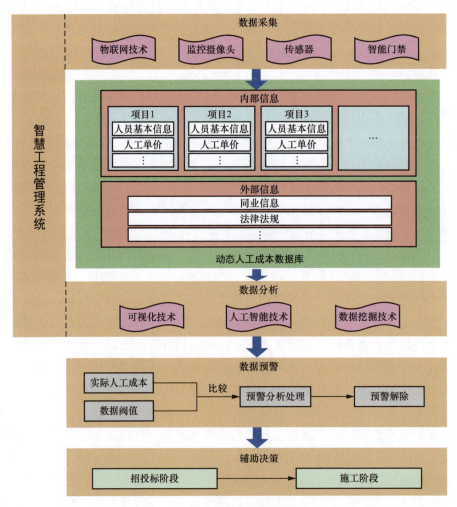

图2-4 人工成本动态监测体系的运行机制

2.2　电力施工企业数据资源驱动人工成本动态监测

数据资源在电力施工企业人工成本管理中具有关键意义，其核心体现于动态人工成本数据库的构建与应用。下面内容主要叙述了通过此数据库，企业能够达成多项目标，不仅可深入实施精细化人工成本管理，还能为管理决策全方位赋能，在提升企业效益与竞争力等多方面发挥着不可替代的重要作用。

2.2.1　电力施工企业动态人工成本数据库的战略价值

1.　实施精细化人工成本管理

（1）精细化管理内涵剖析。

精细化管理是一种在企业成本管理领域广泛应用且行之有效的管理理念与方法体系。所谓"精"，是指精确、精准。它要求成本管理的目标设定、数据测算与分析等均具备高度的准确性。在目标设定上，精确到每一个细微的成本构成要素，如精确计算某一生产环节中原材料的具体损耗量所对应的成本，而非进行粗略估算；在成本数据的分析上，精准定位成本波动的关键因素，通过精准的量化分析，从而为决策提供精确依据。比如在项目策划时期，可依据数据库中相似工程的人工成本数据，合理预估当前项目所需的人工投入规模与成本范围，从而制定出更为贴合实际的预算方案。"细"意味着细致、细化。它体现在成本管理涵盖企业运营的各个方面与各个环节，表现在成本管理的流程上，将成本预算、成本控制、成本核算、成本分析等流程进行细化，明确每个步骤的具体操作规范与标准，如在成本核算流程中，详细规定不同成本项目的归集与分配方法，确保成本信息的完整性与准确性。

（2）成本精细化实现要素。

成本精细化之所以能够实现，首先得益于信息技术的飞速发展。现代企业资源计划（ERP）系统、大数据分析技术等能够收集、存储并处理海量的成本数据，将企业各个业务系统的数据进行整合，使得成本管理可以深入到业务的每一个末梢。其次，企业管理理念的不断进步也是重要因素。企业逐渐认识到精细化成本管理对于提升竞争力的关键作用，从而在企业内部建立起完善的成本管理文化与组织架构。最后，标准化作业流程与管理制度的建立为成本精细化提供了保障，企业通过制定统一的成本核算标准、成本控制指标体系等，使得成本管理在各个环节都有章可循，减少了人为因素的干扰与不确定性，从而确保成本精细化管理的顺利推进。

（3）电力人工成本精细化效益。

基于数据库的人工成本精细化管理是精细化管理在人工成本管理领域的具体应用，即在成本管理的过程中运用精细化管理的理念和精益求精的思想，通过制定一系列的精细化管控标准和相关的成本管控制度，借助数据库、信息化管理手段，从全面、整体的视角对电力企业经营活动中的全过程的成本支出实施精确、细致和科学的预测、决策，提高公司资源的最优配置，以此合理地控制企业运营过程中的成本费用支出，以提升电力企业的盈利能力，推动电力企业的可持续发展。首先，电力企业运用数据库在人工成本管理方面迈向精细化进程后，可有效预防成本超支与工期延误。依据项目规模、技术难度、工期要求等多元因素，借助大数据分析手段并参照行业标准可构建精准化的人力规划与预测体系，进而有效预防因人力配置不当引发的成本超支与工期延误状况。其次，运用数据库实现精细化管理后可为成本分析及决策行为提供有力支撑。精细化管理摒弃传统粗放式的核算模式，设立了精细完善的核算机制，全面涵盖直接薪酬与间接薪酬范畴，能够基于科学合理的原则实施分摊，并且能够凭借财务管理软件与人力资源信息系统的集成功效，获取实时且精确的数据信息，进而为成本分析及决策行为提供支持。再次，运用数据库的精细化管理能够提升培训投入回报率、降低成本损耗。大力推行贯穿企业运营全流程的精益成本控制策略，于员工招聘环节而言可着重选拔契合岗位需求的专业人才，而薪酬体系紧密关联个人绩效与项目成果，员工培训遵循了精准化导向，进而提升了培训投入回报率，同时也降低了无效培训所致的成本损耗。最后，精细化成本管理可推动人力资源与企业价值达到最优配置。在人力资源战略决策层面，基于精细化成本管理，可运用成本性态分析、本量利分析以及敏感性分析等科学方法深度剖析人工成本的内在规律，进而达成人力资源与企业价值的最优配置状态，提升企业在市场中的竞争实力与可持续发展潜能。

2. 管理决策的多维赋能引擎

（1）数据收集与整合功能。

数据库能够全面、精准地采集电力企业内部各类人工成本数据，涵盖员工薪酬、福利、培训费用等明细，以及人员岗位信息、绩效表现等相关数据，并将这些来自不同部门与系统的数据有效整合，构建起完整且系统的人工成本数据体系，为决策提供详尽的信息基础。

（2）数据分析与挖掘作用。

借助数据库庞大的数据，利用智慧工程系统与相应的分析工具相结合，可深入剖析人工成本结构，如固定成本与变动成本比例、各岗位人工成本分布等，还能通过一些数据挖掘技术发现数据间隐藏的关联与规律，例如，员工技能提升与薪酬增长对企业效益的影响关系，预测不同人工成本策略下企业的运营状况与成本走向，从而为制定科学合理的人工成本管理决策提供有力依据。

（3）实时监测与动态调整支持。

数据库可对人工成本数据进行实时监测，及时反映成本的动态变化。当电力企业业务拓展、技术革新或外部环境变动导致人工成本出现异常波动时，能迅速发出预警。决策者依据数据库提供的实时数据与预警信息，结合电力企业战略目标与经营状况，及时调整人工成本预算、人员配置或薪酬福利策略等，确保人工成本管理始终契合企业发展需求并保持在最优状态，保障电力企业经济效益与市场竞争力的稳步提升。

3. 构建动态定额体系的基础参照标准

（1）电力定额体系基石。

在电力行业的复杂运营与管理体系中，人工成本数据库为其定额体系奠定了基础参照标准，产生了重要的积极影响。电力技术的持续创新与发展使得新的设备、工艺与施工方法不断涌现，相应地对人工操作技能与作业流程提出了全新的要求。而传统的人工定额体系已无法适应这种技术变革带来的影响，因此必须依据新的技术标准与规范对人工成本定额进行重新评估与设定。

（2）助力企业定额革新。

动态人工成本数据库可促进电力企业定额体系的调整。动态人工成本数据库提供了高度精确且极具时效性的数据依托，借助丰富的数据资源，企业能够对各类电力工程项目中的人工成本进行细致入微地剖析与预测，进而促进企业定额体系的调整。例如，在大型输电线路建设项目中，能够基于过往同类型线路在不同地形、气候条件下的人工工时与费用数据，精确计算出本项目的人工成本定额，有效防止预算超支或因预算不足而影响项目进度与质量的情况发生。这不仅有助于企业优化内部资源配置，提高资金使用效率，还能反过来促进企业定额体系的调整与更新。

（3）助力行业定额升级。

电力企业的定额数据是构建电力行业定额体系的基石与关键支撑。在电力行业中，行业定额体系本质上来源于各企业自身的人工成本数据库，反映的是企业的平均水平。当个别电力企业在完善自身人工成本动态定额体系过程中所积累的成功经验与有效成果，将通过行业协会、专业研讨会及标准化组织等平台进行广泛传播与交流。而行业内其他企业能够依据自身实际状况，参考这些先进经验，并结合企业自身数据所反映出的平均水平特征，对自身定额体系展开适应性调整。如此一来，借助行业内的协同合作与经验互动，能够逐步构建起一个统一、科学且具备动态适应性的电力行业定额体系标准，为电力行业的稳健、可持续发展筑牢根基。

2.2.2　电力施工企业动态人工成本数据库的性质分析

1．人工成本数据库转型：由"静"到"动"

（1）数据更新频率与实时性。

传统人工成本数据库通常依赖于人工输入以及定期更新，这容易导致数据实时性不足。一方面，数据的更新往往会受到人为因素的影响，比如数据录入人员的效率、数据收集的难易程度等，这些都会制约数据的更新速度。另一方面，数据一般采用定期更新模式，如按年度或季度更新，这种更新频率在面对快速变化的市场环境和人工成本波动时，显得有些力不从心。此外，传统人工成本数据库在处理大规模数据时，可能会遭遇性能瓶颈，进而导致数据更新速度受限。

与之相比，动态人工成本数据库省去了人工录入和定期维护的烦琐步骤，极大地缩短了数据更新的周期。同时，随着企业数字化转型的不断深入，信息技术在人力资源管理中的应用也日益广泛。例如，云计算、大数据、人工智能等技术的引入，使数据更新速度得以加快，为动态人工成本数据库的实时更新提供了技术支撑。这种实时性能够迅速捕捉和记录与人工成本相关的各种数据变化，确保数据库中存储的数据始终是最新的。这不仅有助于企业快速响应市场变化，还能为管理层提供及时的数据支持，以便做出更为精准的决策。

（2）数据整合能力与动态关联性。

在数据的动态关联方面，传统人工成本数据库由于受到技术限制以及系统设计的影响，在数据整合方面能力相对较弱。它可能无法高效地将不同来源、不同格式的人工成本数据整合在一起，往往只是孤立地记录人工成本的各个要素，如工资单信息、工时记录等，进而导致数据孤岛现象的出现。

动态人工成本数据库则通过构建数据模型和关联规则，能够将不同来源、不同类型的数据有机地融合在一起，并与项目的整个生命周期紧密关联，形成一个相互关联的知识图谱，从而更充分地挖掘数据背后所隐藏的潜在价值。例如，对于一个电力线路架设项目，每个施工人员的工时数据不仅与他的工资计算相关，还与项目的具体施工阶段、施工地点、天气条件等多种因素相互关联。施工地点的地形复杂程度可能会影响施工效率，进而影响人工工时和成本；天气条件恶劣可能会导致施工暂停或加班，这些信息都能实时反馈到数据库中，并与人工成本数据相关联。这种动态关联性使企业能够更为全面、深入地分析人工成本变化的原因，而非仅仅停留在表面的成本数字上。

（3）数据实时响应力与决策效率。

传统人工成本数据库由于数据更新不及时，且通常采用传统的关系型数据库架构，数据处理流程较为固定且烦琐。在面对大量并发数据请求时，往往需要经过复杂的查询语句编写、数据提取、转换和加载等多个步骤，这导致数据响应时间较长，进而在提供决策支持时往往具有滞后性，这可能使企业错过最佳调整时机，增加成本风险。

动态人工成本数据库一般基于大数据处理架构，如分布式计算、内存计算等技术。这些架构能够并行处理大量数据，可显著提高数据处理效率。以 Hadoop 分布式文件系统（HDFS）为例，它可以将数据分散存储在多个节点上，同时对数据进行并行计算和处理，大大缩短了数据处理时间，从而实现更快的实时响应。在决策效率方面，动态人工成本数据库同样表现优异。由于数据更新及时且对数据的响应和处理速度较快，决策者无须等待数据更新或进行烦琐的数据处理，能够快速基于最新的成本数据进行决策。例如，当数据库显示某一正在进行的电力设备安装项目中，某一工种的人工成本在短期内迅速上升，且这种上升趋势可能影响项目的整体成本控制目标时，管理层可以立即决定是否从其他项目调配人员、调整施工工艺或者与劳务方重新协商价格。这种高效的决策流程不仅提升了企业的运营效率，还增强了企业的市场竞争力。

2. 人工成本数据库进阶：由"小"及"大"

（1）数据规模与全面性。

传统人工成本数据库主要聚焦于企业内部的人工成本数据，并且通常只是记录少数项目的较为简单的人工成本信息，缺乏对市场、竞争对手等外部数据的全面搜集、整合与分析。这限制了企业对外部环境的洞察力，使其难以制定具有前瞻性的成本控制策略。

随着电力施工企业业务规模的持续扩大以及项目复杂度的不断提高，与人工成本相关的数据量呈现出爆发式增长的态势，这就要求数据库能够容纳海量的数据。而动态人工成本数据库恰好满足了企业的这一需求。它不仅包含了传统数据库中的基础数据，还广泛采集了与人工成本相关的多维度数据。从企业内部来看，涵盖了不同地区、不同季节、不同施工团队以及不同类型电力施工项目（如高压、低压、架空、地下等）的人工成本数据；从企业外部来看，还能够收集行业平均工资水平、市场劳动力供求关系、宏观经济数据以及竞争对手的信息等。通过整合这些全方位的数据，动态人工成本数据库的数据规模得到了极大的扩展。

（2）数据应用与决策支持。

传统人工成本数据库在数据应用方面相对较为局限，主要被用于企业内部的成本核算以及预算管理，这种单一的应用模式限制了数据库在成本控制方面的潜力发挥。其在决策支持方面的功能也相对不足。它们通常仅能提供基本的数据查询以及报表生成功能，而无法进行深入的数据分析和预测。这导致决策者难以从数据库中获取到具有价值的信息，难以支持复杂的决策过程。

动态人工成本数据库中存储的数据更为全面，从而使企业能够从多个因素对人工成本数据进行综合考量，即从多个维度对人工成本进行分析。这种多维度的分析能够提供更为全面、深入的认识，有助于帮助决策者发现潜在的问题和机会，制定更具针对性的决策。此外，动态人工成本数据库具备强大的数据处理能力，能够实时处理大量的并发数据，能够分析和挖掘出传统人工成本数据库无法发现的潜在规律。因此，动态人工成本数据库的数据应用更为广泛，其在决策支持方面的功能也更为全面。

（3）系统灵活性与可扩展性。

传统人工成本数据库在系统灵活性及可扩展性方面存在一定的不足。首先，它一般采用固定的数据结构，常常难以根据企业的实际需求进行灵活的调整。这意味着当企业需要添加新的成本项或修改现有的成本数据时，可能需要手动去修改数据库结构，从而增加了操作的复杂性及时间成本。其次，传统人工成本数据库在设计之初，往往没有充分考虑到未来的扩展需求，随着企业业务规模的扩大以及成本数据的增加，数据库性能会下降，甚至可能需要进行昂贵的系统升级。

动态人工成本数据库具有较高的灵活性和良好的可扩展性。在灵活性方面，动态人工成本数据库能够依据业务需求的变化实时地调整数据结构，无须手动修改数据库模式，这使得企业能够轻松地添加新的成本项、删除无效的成本项或修改已有的成本项，保证了数据库的持续有效性，提升了系统的灵活性和易用性。与此同时，动态人工成本数据库允许用户根据具体情况添加自定义字段和属性，以满足个性化的分析需求。在扩展性方面，动态人工成本数据库具备多种数据格式和接口，支持通过插件、模块等方式便捷地扩展系统功能，实现与新的业务系统或技术的集成。

如图 2-5 所示，电力施工企业动态人工成本数据库的性质分析主要剖析了数据库由"静"到"动"、由"小"及"大"的转型，强调其提高了数据更新频率与实时性、增强了数据整合能力与动态关联性、加快了数据实时响应力与决策效率，并大幅扩充了数据规模与全面性，同时提升了系统的灵活性与可扩展性，从而为企业提供了更全面、深入的成本分析和决策支持。

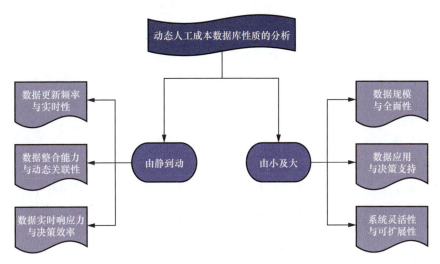

图 2-5 电力施工企业动态人工成本数据库的性质分析

2.2.3 电力施工企业动态人工成本数据库的驱动机制

1. 人工成本数据库动态化的功能价值

（1）实时成本监控与预警。

电力施工企业人工成本数据库动态化实现了对人工成本的实时监控与预警功能。在复杂多变的施工过程中，人工成本受到多种因素交互影响，动态化数据库通过与企业内部各个成本相关系统的实时连接，如财务系统、考勤系统、项目管理系统等，持续获取最新的人工成本数据。对这些实时数据进行分析处理，能够精准掌握人工成本的动态变化情况。

预警机制是实时监控的重要延伸。基于预先设定的成本阈值和风险指标，当人工成本数据出现异常波动时，系统自动触发预警。预警信息能够及时传达给相关成本管理部门和决策层，促使企业迅速做出反应，及时采取措施排查成本异常的原因，可能是市场劳动力价格波动、施工进度变化或其他内部外部因素导致，以便在问题初期进行有效干预，防止人工成本失控，保障项目成本目标的实现。

（2）及时决策支持。

动态化的人工成本数据库为电力施工企业的决策提供了及时且关键的支持。在项目执行过程中，企业需要不断做出与人工成本相关的决策，包括但不限于人员调配、施工计划调整、成本控制策略优化等。数据库的动态化特性确保决策层能够获取最新、最准确的人工成本信息。例如，当面对项目进度调整时，根据实时的人工成本数据，企业可以评估不同人员调配方案对成本的影响，从而选择最优方案。在市场环境变化导致人工成本构成要素变动时，如政府出台新的劳动法规影响社保费用，企业能够依据实时数据及时调整薪酬和福利策略，确保人工成本的合理性和可控性。这种基于实时数据的决策支持机制，使企业在复杂多变的施工环境中能够迅速响应，提高决策的科学性和有效性，保障项目顺利推进。

（3）动态预算调整。

电力施工企业人工成本数据库动态化在预算调整方面发挥着重要作用。由于电力施工项目周期长、不确定性因素多，人工成本预算需要根据实际情况动态调整。动态化数据库能够实时反映人工成本与预算的差异情况。当施工过程中出现影响人工成本的因素时，如设计变更、材料供应问题导致施工顺序调整等，企业可以根据数据库中的实时数据重新评估人工成本需求。通过动态调整预算，确保预算与实际人工成本的匹配度，避免因预算不合理导致的成本超支或资源浪费。同时，对于长期项目，能够根据市场人工成本趋势和项目进展情况，对后续施工阶段的预算进行前瞻性调整，保障项目整体经济效益，提高企业对项目成本的掌控能力。

2. 人工成本数据库扩容的功能价值

（1）提升数据存储与管理能力。

电力施工企业在发展过程中积累了大量的项目业务数据，但这些数据散落于各项目，未进行统一沉淀，各项目间缺乏统一标准，这些仅存的数据也无法得到高效准确应用。此外，即便有数据留存，数据积累普遍存在难找、难用的现象，对基层业务人员的工作效率、工作质量造成影响。如每次做项目测算时，因经验数据不充分，工作人员需花费大量时间查询、搜寻参考数据。扩容后的动态人工成本数据库，可以显著提升企业的数据存储与管理能力，确保数据的完整性和准确性。通过增加数据库容量和优化存储结构，企业能够更好地应对数据增长带来的挑战，为后续的数据分析和决策支持提供坚实的基础。

（2）优化人力资源配置。

动态人工成本数据库扩容后，企业能够更全面地掌握人力资源成本情况，包括不同部门、不同岗位、不同级别的员工薪酬结构、福利待遇等。这些信息对于优化人力资源配置至关重要。企业可以根据数据分析结果，调整人员结构，合理配置人力资源，实现人力资源的高效利用。例如，对于人工成本过高的部门或岗位，可以通过调整薪酬结构、优化工作流程等方式来降低成本；对于人工成本较低但工作效率高的部门或岗位，可以适当增加人员配备，以提升整体工作效率。

（3）促进决策科学化与精细化。

电力施工企业在制定发展战略、优化人力资源配置、控制成本等方面，都需要依赖于准确、全面的数据支持。动态人工成本数据库作为企业管理的重要工具，其数据质量直接影响到企业的决策效果。动态人工成本数据库的扩容，为企业的决策提供了更全面、更准确的数据支持。通过对数据库中的数据进行深入挖掘和分析，企业可以发现隐藏在数据背后的规律和趋势，为战略规划和经营决策提供科学依据。例如，企业可以根据人工成本数据的变化情况，调整薪酬政策、优化员工结构、改进项目管理等，以提升企业的整体竞争力。此外，扩容后的数据库还可以支持更精细化的决策分析，如对不同部门、不同岗位的人工成本进行差异化分析，为企业的精细化管理提供有力支持。

（4）提高管理效率。

构建动态人工成本数据库对于电力施工企业而言，是提升管理效率的重要途径。首先，动态人工成本数据库通过集成化和智能化的设计，使得人工成本数据的收集、整理、分析和报告变得更加自动化和高效，大大减少了人工干预的时间和精力，提升了数据处理的速度和准确性。其次，数据库系统的实时更新功能确保了管理层能够随时获取到最新的人工成本数据，这种即时性使得企业能够更快速地响应市场变化、调整管理策略，从而提高了决策的时效性和灵活性。再者，动态人工成本数据库为管理层提供了直观、易用的数据查询和分析工具，使得他们能够更轻松地洞察人工成本的结构、趋势和异常，有助于及时发现并解决潜在的管理问题，进一步提升管理的精细化水平。

2.3 信息技术赋能人工成本动态监测

智慧工程管理系统通过信息技术赋能，实现了智能化数据采集，提高了成本分析与预警的能力，为人工成本的动态监测和管理提供了一个高效、透明和智能的解决方案，还帮助企业在竞争激烈的市场中保持竞争力，实现成本控制和项目效益的最大化。

2.3.1 智慧工程管理系统的动态监测机制

智慧工程管理系统的动态监测机制旨在通过打破信息孤岛和促进数据融通，

实现项目信息的无缝流通与共享。这一系统不仅提高了人工成本监测的精确性，还强化了成本责任，提升了管理效益。它通过实时记录和分析工作数据，使管理者能够洞察人力投入动态，优化资源配置，并提前预警潜在的成本超支风险。此外，系统还将成本数据与绩效考核体系紧密结合，激励员工提升成本控制能力，推动企业成本管理水平的持续提升。同时，智慧工程管理系统还注重数据资产的安全性和合规性，通过监控和审计数据的使用、访问和传输，确保数据资产的安全，从而实现其价值最大化。

1. 打破信息孤岛，促进数据融通

智慧工程管理系统的引入不仅构建了一个高效、透明、互动的成本控制环境，更在打破信息孤岛方面发挥了关键作用。该系统通过促进各专业团队之间的高效协同，实现了项目信息的无缝流通与共享，有效避免了因信息不畅导致的决策滞后和资源浪费。在这一框架下，人工成本监测得以全面升级，系统通过实时记录工作数据，为监测提供了高度精确的信息基础。这种数据驱动的监测方式，使项目管理者能够即时洞察各工种、各施工阶段的人力投入动态，从而精准地制定人工成本预算、优化资源配置并强化监控力度。更重要的是，智慧工程系统还具备前瞻性的分析能力，能够自动追踪人工成本变化趋势，预测潜在的超支风险，并提前向管理者发出预警。这一功能赋予了管理者足够的反应时间，以便及时调整人力资源配置，有效避免不必要的成本浪费，从而显著提升了成本控制的精准度和整体效率。

2. 强化成本责任，提高管理效益

智慧工程管理系统能够将人工成本数据与各责任部门、责任人进行精确关联，确保每一项成本支出都能找到对应的责任主体。这种精准定位机制，有效避免了传统管理模式中成本责任不清、相互推诿的问题。智慧工程管理系统可将人工成本监测数据与绩效考核体系紧密结合，为绩效考核提供了客观、公正的数据支持。系统能够自动计算各部门、各岗位在成本控制方面的绩效得分，并生成详细的绩效评估报告。通过这种方式，系统不仅激励了先进部门和员工继续保持高效的工作状态，还鞭策了后进者努力提升成本控制能力，从而推动了整个企业成本管理水平的不断提升。为了进一步强化成本责任落实和绩效考核的效果，智慧工程管理系统还可以与企业的激励机制相结合。例如，系统可以将成本控制绩效与员工薪酬、晋升机会等直接挂钩，形成正向激励效应。同时，系统还支持持续改进机制的建设，通过定期回顾和总结成本控制工作的成效与不足，不断优化成本管理体系和流程，确保企业能够持续、稳定地提升成本管理水平。

3. 智慧管理提效，监控数据安全

智慧工程管理系统的运用不仅提升了施工现场的管理效率，还通过动态监测和数据资产监控有效管控了成本风险。依托智慧工程管理系统，借助可视化等技术手段完善管理机制，将信息技术应用到一线工作中，突破传统的数据管理模式。发挥互联网与物联网的纽带作用，实现人工成本动态监控，能够形成风险预警与动态决策的智慧环境，做好事前成本控制和紧急预案，在成本风险发生时尽力减少损失。此外，数据资产作为企业重要的资产之一，企业通过智慧工程管理系统能够实现对数据资产的监控功能，对数据的使用、访问、传输等进行监控和审计，实时监控成本数据，强化过程管理，及时发现和处理数据资产的安全问题，提高数据的安全性、可靠性和合规性，从而实现数据资产的价值最大化。对于数据监控设定监控指标和标准，保障成本数据的安全性、可靠性、完整性等方面，可以运用数据安全监控系统、数据备份和恢复系统、数据访问控制系统等，以实现对数据资产的全面监控。

2.3.2　智慧工程管理系统的智能化数据采集流程

在电力施工企业中的人工成本监测流程优化是提升项目管理效率、精确控制成本、实现动态监测与决策支持的关键举措。智慧工程管理系统通过物联网、数据联合、数据质量管理、数据传输优化等先进技术，为人工成本动态监测提供了强大的技术支持与流程再造能力。

1. 基于物联网技术的自动化数据采集

信息技术的快速发展已经使得物联网技术在众多领域得到广泛应用，特别是在数据收集领域。传统的数据采集方法往往依赖于人工操作，效率低下且容易出错。而基于物联网技术的自动化数据采集系统可以显著提高数据采集的效率和准确性，降低人力成本，并能够实时监控和分析数据。

为了实施自动化数据采集，首先进行需求分析与规划，明确采集目标，识别并评估数据源，制定采集策略。接着，根据项目需求选择合适的工具和框架，配置开发、测试和生产环境，并确保遵守相关法律法规。随后，编写采集脚本或配置加载工具，实现数据的自动抽取，并进行预处理以提高数据质量。同时，设计错误处理和重试机制，确保数据采集的稳定性。在数据存储与管理阶段，选择合适的存储方案，将采集到的数据加载到目标系统中，并建立索引进行优化。最后，部署监控系统以实时跟踪数据采集状态，记录关键事件和错误信息，以便问题排查和性能分析，同时定期评审和优化采集流程以适应业务变化和技术发展。

基于物联网技术的自动化数据采集相较于传统数据采集，实现了数据采集的高效化、低成本化，以及数据的安全化。首先，智慧工程管理系统通过物联网设备能够实时、准确地采集和传输数据，确保数据的时效性，而传统方式往往受限于人工操作，难以实现实时更新。其次，物联网系统通过智能设备和传感器自动收集数据，降低了人力成本，实现了数据采集的低成本化。此外，物联网技术覆盖范围广泛，能连接各类物理对象，实现远程监控和环境监测等功能，这是传统方式难以比拟的。更重要的是，物联网技术还具有灵活性和可扩展性，能根据实际需求进行配置和扩展，同时通过加密和访问控制等手段保障数据安全。

2. 基于数据联合技术的标准化数据整合

在当今信息化时代，数据已成为企业决策的重要依据。然而，不同来源的数据往往格式各异、标准不一，给数据整合带来了巨大挑战。基于数据联合技术的标准化数据整合方案应运而生，它能够将来自多个异构数据源的数据进行统一管理和处理，提高数据的可用性和一致性。

实施标准化数据整合是一个涉及多个步骤的复杂过程，从需求分析到系统部署和维护。首先，需要明确数据整合的目标和预期成果，识别所有需要整合的数据源，并评估它们的质量和兼容性。接下来，制定统一的数据标准和规范，包括定义数据模型和建立数据治理政策。然后，进行数据抽取、清洗和转换，确保数据的一致性和可比性。选择合适的存储方案后，将数据加载到目标系统中，并进行验证和质量控制。此外，记录和管理元数据，为数据集、表、字段等创建和维护详细的元数据信息。通过这些步骤，企业可以有效地实施标准化数据整合，提高数据的可用性和价值，从而支持更好的业务决策和运营效率。

基于数据联合技术的标准化数据整合相较于传统方法，在数据整合质量、数据整合效率方面具有显著的优势。首先，通过统一数据格式和结构，提高了数据的质量和一致性，降低了数据整合的时间和成本，还通过创建统一的数据视图来提高数据的一致性和准确性，减少数据复制和传输过程中的错误，同时为数据分析和决策提供了可靠的基础。此外，标准化数据整合增强了跨部门和系统之间的数据互操作性，简化了业务流程，提升了用户体验。它还通过在查询引擎中实施统一的数据安全模型来提高数据安全性，并利用数据目录统一元数据，增强监管。最后，数据联合技术通过实体化和缓存机制提升了性能，使得数据整合更加高效。

3. 基于数据质量管理工具的精准化数据清洗

在当今数据驱动的时代，数据质量成为企业决策的关键因素。然而，由于各种原因，原始数据往往存在缺失、错误或不一致等问题，这就需要进行数据清洗以确保数据的准确性和可靠性。传统的数据清洗方法通常依赖于人工审查和手动修正，这不仅耗时耗力，而且容易出错。相比之下，基于数据质量管理工具的精准化数据清洗则能够提供更加高效和准确的解决方案。

实施精准化数据清洗的过程始于明确清洗目标与识别数据源，随后进行初步的数据质量评估以确定常见问题。基于此，选择适合的数据质量管理工具并配置必要的数据源连接，接下来，定义具体的数据质量规则，包括完整性、唯一性、参照完整性和业务逻辑验证。执行数据质量检查任务，生成详细报告以识别问题数据。针对报告中的问题，设计并实施数据修复策略，之后再次验证以确保数据质量达标。将经过验证的清洗流程部署到生产环境，并建立监控体系以持续跟踪数据质量。这一连贯的步骤确保了数据清洗的精准性和高效性，为提升数据质量和支持决策分析奠定了坚实基础。

基于数据质量管理工具的精准化数据清洗相较于传统的数据清洗方式，提高了数据的可处理性、过程的可靠性，以及结果的安全性。首先，它能够通过机器学习和算法结合元数据和数据标准进行模型训练，实现高效的数据清洗。这些工具能够全面探查数据，快速识别数据完整性、一致性和准确性问题，并提供强大的清洗功能，如缺失值填充、异常值处理和重复数据去重，同时进行数据标准化，以提高数据的可处理性。此外，它们支持实时监控数据质量，设置监控规则和阈值，自动报警异常情况，确保数据质量的稳定性，并生成详细的数据质量报告，展示数据质量状况和改进效果，提高了数据清洗过程的可靠性。同时，还可以根据实际需求进行灵活配置和扩展，满足不同场景下的数据清洗需求，并且具备强大的安全性能，保护个人隐私和敏感信息不被泄露。

4. 基于数据传输优化技术的网络化数据传输

在数字化时代，网络化数据传输已成为信息流通的基石，网络化数据传输作为信息交换的核心手段，其效率和安全性直接影响到各类应用的性能和用户体验。传统的数据传输方式在面对海量数据和复杂网络环境时，往往显得力不从心。因此，基于数据传输优化技术的网络化数据传输应运而生，它通过一系列先进的技术和方法，显著提升了数据传输的效率和可靠性。

实施网络化数据传输是一个全面的过程，首先从需求分析和目标设定入手，明确业务需求和传输目标，然后进行网络规划设计，包括网络架构设计、技术选型和带宽规划。接下来，配置网络设备，如路由器、交换机、防火墙和负载均衡器，以确保网络的安全性和效率。在数据源和数据格式标准化之后，进行数据封装和协议选择，这是决定数据如何被打包和传输的关键步骤。为了提高效率，实施数据压缩和优化，同时采取数据加密和安全措施以确保数据传输的安全性。数据传输实施阶段，涉及数据的发送、路由和接收，以及错误检测和纠正机制的实施。性能监控和调优是一个持续的过程，旨在确保网络和数据传输的最佳性能。此外，制订故障排除和恢复计划以应对网络故障。最后，进行合规性检查和安全审计，确保数据传输符合法律法规，整个流程需要精心规划和执行，以确保数据能够安全、高效地在网络中传输。

基于数据传输优化技术的网络化数据传输相较于传统方法，提高了数据传输的可达性，传输成本的可负担性以及传输的安全性。网络化数据传输具备实时性，能够实现数据的即时更新和传输，而传统方式往往受限于物理媒介或人工操作，难以达到同样效果。在数据传输的可达性方面，通过调整网络参数，优化网络架构和传输协议，可以显著提高数据中心内部以及数据中心之间的数据传输效率。此外，对于更大规模的数据传输任务，分布式系统可以将数据传输任务分散到多个节点上并行执行，打破节点之间的障碍，通过节点间的协同工作实现大规模数据的高效传输，降低了延迟。在传输成本的可负担性方面，优化技术减少了不必要的数据传输量，降低了对昂贵带宽资源的依赖，提高了成本的可负担性。在安全性方面，数据加密技术的应用保护了数据传输的安全，降低了网络攻击的风险。降低延迟、提高网络可靠性、带宽优化、负载均衡以及网络冗余和故障转移机制的引入，进一步确保了网络的稳定性和数据的安全性。

2.3.3 智慧工程管理系统的数据分析与预警效能提升

数据分析是智慧工程管理系统的一项基本职能，该系统通过数据可视化、动态模型统计以及数据挖掘等数字技术的赋能，为用户提供实时的电力施工项目的成本监控和历史数据分析。这种分析功能使得用户可以根据项目需求和施工进度，优化人力资源配置以及提高施工效率。此外，数据分析还能够为用户提供直观的图表和图形，从而帮助用户快速了解人工成本消耗量以及预测人工成本波动，减少人工成本超支的风险。与此同时，数据分析功能还提高了电力施工项目信息的透明度，以往受到信息不对称的影响以及信息传递的滞后性，导致各部门之间缺乏信任和协作，造成了诸如子项目实施时间冲突、资源调配不及时、人岗不匹配等诸多问题。电力施工项目信息透明度的提高，允许电力施工项目的相关方都能够实时地查看项目的进度状况以及成本发生率，可以有效减少人力成本以及提高管理效率。

1. 基于可视化技术的数据呈现

在传统的项目施工中，由于缺乏数字化工具的使用，企业在处理数据时非常依赖纸质文档和手工报表等手段来记录和管理信息。这种做法不仅导致电力施工企业的相关成本信息更新慢、查询困难，而且还无法及时地获得数据反馈。而数据可视化技术能够将复杂的数据集通过图表或图像等方式进行展现，从而降低了数据处理的难度，实现数据维度映射，使用户能够更加直观地接受和理解数据包含的信息。

智慧工程系统基于可视化技术的数据呈现实现电力施工企业人工成本分析与预警的效能提升主要体现在以下几个方面：

（1）图表展现能够通过甘特图、里程碑图等数据视觉化的展示，实现了对工程项目各个阶段进度、关键节点与完成情况的数据呈现，为电力施工项目提供了清晰的项目进度管理视图。此外，柱状图、控制图等图表的应用，有助于对项目的财务支出和人工成本进行深入分析，同时实现质量控制，降低因质量问题导致的返工风险。这种数据视觉化的手段不仅能够使用户更加清楚地了解电力施工项目各个阶段的完成情况，还能帮助用户及时地发现问题。

（2）在线分析工具则可以实时数据收集和高效的数据处理，为用户构建了一个动态的、互动的数据监控平台，该平台涵盖了成本控制、质量控制和进度管理等多个关键领域，允许用户对项目状态进行实时监控以及分析数据，实现用户对项目变化的快速响应，提高项目的执行力。此外，该工具还能实时地进行数据反馈，帮助用户调整施工方案，降低潜在风险。

（3）报表统计工具能够收集和整合各类数据，生成详细的性能指标和报告，为用户提供了全面的、深入的项目状况分析，帮助用户掌握工程的实时状况，提高数据场景应用能力。此外，报表统计不仅能够利好历史数据的存储，还能进行趋势分析以及提供预测模型，使得用户可以从数据中洞察项目的运行规律，从而提高项目管理的可预见性。

2. 基于动态统计模型的实时化数据分析

动态统计模型融合了时间序列预测与回归分析等统计分析方法，赋予了智慧工程管理系统实时化的数据分析功能，实现了数据变化的实时响应，为用户在进行决策时提供支持，以及允许用户迅速适应市场变化和应对突发事件。此外，动态统计模型还能够通过不断更新的数据来实时变换参数，结合历史数据进行持续的分析，有效地捕捉新趋势的发展方向和识别改进点，提高了预测的准确性。

智慧工程系统基于动态统计模型的实时化数据分析实现电力施工企业人工成本分析与预警的效能提升主要体现在以下几个方面：

（1）时间序列预测能够通过分析按时间顺序排列的数据点，识别出趋势、季节性、周期性等模式，进而预测未来的数据变化。在电力施工项目中，时间序列预测可以实时分析所收集的数据，识别出成本和项目进度的趋势以及季节性变化等关键信息，从而为用户提供实时数据支持。其中，趋势分析能够为用户提供成本趋势，从而帮助用户进行预算调整和资源规划。而季节性因素的考虑则可以帮助用户提前进行资源调配和风险规避，以应对雨季、冬季等自然条件对施工进度和成本的影响。例如，在某些地区，雨季可能会严重影响施工进度、冬季也可能会影响材料的供应等，这些因素都会在一定程度上影响人工成本的产生。而时间序列模型会将季节性因素考虑进去，帮助用户提前做好资源调配和风险规避。

（2）回归分析则更加注重通过构建数学模型来反映自变量与因变量之间的关系，并进行预测和解释。在电力施工企业中，回归分析能够帮助用户理解影响项目成本的各项因素，从而实现对未来成本变化和成本超支风险的预测。此外，回归分析还可以构建回归模型，通过该模型可以量化劳动力成本、设计变更等因素对人工成本的影响程度，并预测在不同条件下的成本变化。如项目设计变更或者相关材料的价格上升时，回归分析就可以预测这些变化对人工成本的潜在影响，从而帮助用户及时做预算调整。

3. 基于数据挖掘技术的数据异常检测

在电力施工项目过程中会产生大量的数据，如果不能将所收集的数据进行高效的处理，就很有可能会错过有效信息，不能及时地检测到异常的数据，从而就有可能形成重大的施工灾难，轻则影响电力施工项目的运行，重则造成严重的财务负担。而数据挖掘技术，可以实现从海量的数据中快速地提取到有价值的信息并梳理看似毫不相关的数据，帮助用户实现项目过程的异常情况，从而提前采取预防措施，减少不必要的损失。

智慧工程系统基于数据挖掘技术的数据异常检测实现电力施工企业人工成本分析与预警的效能提升主要体现在以下几个方面：

（1）通过聚类分析可以将数据集中的样本数据划分为高度相关的子集，完成对数据的分类与整合。该工具的核心应用在于其无监督学习的特性，即在聚类过程中无须预先知道数据的类别或分组信息。另外，聚类分析还能够评估数据的完整性，通过 DBSCAN（Density-Based Spatial Clustering of Applications with Noise）等算法，可以快速地识别出电力工程数据中缺失的数据，并对其形态进行分析，能够有效地提高数据的完整性以及缺失部分的形态分布。在电力施工过程中，聚类分析还可以根据项目特征，如规模、位置、复杂程度，实现项目的分类，还可以通过分析设备的使用模式和维护记录，将设备分为不同的维护类别，优化维护计划。

（2）关联规则分析可以得出各个类别数据之间的潜在关系，并且通过"如果……那么……"的逻辑形式，直观地表达数据之间的关联性。在电力施工中，该方法可以用于分析材料的使用与成本、施工进度与天气、安全事故与操作等各项因素之间的关系。通过上述之间的分析，企业可以识别成本增加的深层原因、预测天气变化对施工的影响以及识别相关的高风险操作，提高管理的有效性。

第 3 章

电力施工企业人工成本分析及行业动态
定额体系的构建

为实现行业动态定额体系的构建，需要对电力施工企业人工成本现状进行深入了解。首先，通过分析电力施工企业的用工模式和典型电力工程的工艺流程，阐述了电力施工企业人工的分类，包括不同工种和岗位的划分，这对于人工成本的分析至关重要。其次，进一步探讨了影响人工成本的多种因素，并在此基础上对电力施工企业在人工成本管理上面临的难点进行识别。之后，重点讨论了电力行业动态定额体系的构建，分析了行业定额管理的现状，并指出了面临的挑战，如定额更新的滞后性、定额与实际成本脱节等问题。随后，提出了利用企业人工成本数据来构建动态定额体系的方法，以便更好地反映市场和企业内部的变化。最后，探讨了动态定额体系的应用效果与未来展望，动态定额体系的实施被认为可以提高定额管理的灵活性与准确性，有助于企业更有效地控制成本，提升经济效益。同时，对动态定额体系的未来发展进行了展望。

3.1   电力施工企业人工成本分析

对于电力施工企业，人工成本是企业运营成本中的重要组成部分，其管理与控制对于企业的经济效益和可持续发展具有至关重要的影响。对电力施工企业人工成本进行分析，从用工现状入手，分析施工内容及工种类型，进而详细探讨人工成本的构成及其影响因素，并剖析当前在人工成本管理中遇到的难点，包括行业人工成本的持续上涨、定额费用调差的局限性，以及智慧安监系统带来的新挑战。通过对这些问题的系统性分析，提供针对性的管理策略和解决方案，以期优化人工成本结构，提升成本控制效率，为电力施工企业人工成本管理提供科学决策依据。

3.1.1   电力施工企业人工分类

1. 电力施工企业用工现状

在电力施工行业中，劳务用工模式具有显著的多样性特点，直接影响着企业的运营效率、成本控制以及人力资源管理。目前电力施工企业劳务用工的模式主要有四种，分别是施工企业直接雇佣、劳务分包企业用工、架子队用工和非成建制用工模式，见表 3-1。这些模式各具特点，同时也反映了当前电力施工企业劳务用工的复杂现状。

综合来看，随着建筑劳务市场的发展，电力施工企业已很少直接拥有建筑工人，而是通过劳务市场，与劳务承包人签订劳务分包合同，从劳务公司获得劳动力。劳务公司直接管理劳务作业人员，分配其劳务作业任务，劳务作业班组一般是以包干的形式去完成劳动任务的。这种作业制度一定程度上影响了劳务市场人工费的构成及调整趋势。

表 3-1 施工企业用工模式

名称	施工企业直接雇佣	劳务分包企业用工	架子队用工	非成建制用工
内涵	施工企业与劳务人员中直接签订长期的劳动合同	施工企业或专业承包企业将其承揽的工程中的劳务作业部分分包给建筑劳务分包企业	施工企业的管理人员、技术人员和具有生产技能的劳务人员组建的施工企业自有劳务作业班组	建筑企业临时雇佣非成建的劳务，俗称的"包工头"模式
用工模式	完全直接用工	完全间接用工	间接用工和直接用工相结合	完全间接用工
特征	（1）一般只保留技术性人才和管理人员；（2）签订劳动合同	（1）施工企业与劳务分包企业签订正式合同；（2）劳务人员相对较多	（1）施工企业内部职工代替劳务组织施工；（2）签订劳动合同	（1）流动性强，劳务人员较多；（2）"口头协议"，无正式合同
优点	施工企业直接管理，工程质量有保障	可缓解施工企业用工缺乏弹性的问题	改变了管理层和作业层分离模式，有利于工程的质量、成本、进度控制	灵活性强，成本相对较低
缺点	相对其他模式灵活性较差	易存在非法"转包"现象，影响工程质量	工人工作积极性相对较低	农民工工资被拖欠，权益难保障，农民工素质相对较低，工程质量受损

2. 施工内容及工种类型

通过对电力施工各工程具体施工内容进行了解，可以确定工程的规模和复杂度，分析其所需的专业技能和工种类型。通过明确这些具体的工种需求以及每个工种的工作量和市场价格，不仅能够根据施工进度合理安排人力资源，避免工种间的工作冲突与资源浪费，还能根据当前市场的供求关系及工种的技术含量，准确掌握各工种的市场价格，为工程预算与成本控制提供有力依据。

（1）变电安装工程。

1）施工内容。变电安装工程主要施工内容见表 3-2。

2）施工工种类型。依据《电力电气设备安装工国家职业标准（2024 年版）》，电力电气设备安装工被细分为电力工程内线安装工、高压电气安装工、变电设备安装工和电动汽车充电桩安装检修工，电力工程内线安装工负责电力系统的内部线路安装，变电设备安装工负责变电站及相关设备的安装。电力电气设备安装工的工作包括使用手动、电动及专用工机具、检测仪器进行电力电气部件配置、设备组装、安装、调试等。

表 3-2 变电安装工程主要施工内容

序号	项目	主要施工内容
1	主变压器安装	施工前准备→主变压器本体就位检查（厂家负责就位）→附件开箱检查及保管→套管及套管试验→附件安装及器身检查→油务处理、抽真空、真空注油和热油循环
2	封闭式组合电器安装	基础检查画中心线→间隔单元设备安装连接→就地控制柜安装→控制电缆敷设→控制电缆接线→进出线套管安装→操动机构连接及调校→气管安装→回路电阻测试、吸附剂更换→检漏、抽真空和充气→单元测试→交流耐压试验
3	配电装置安装	（1）断路器安装：预埋螺栓安装→支架底座安装→断路器本体吊装→连杆等附件安装→充气（由生产厂家负责）→接线及试验。 （2）隔离开关安装：施工准备→设备开箱检查→单相安装→操动机构箱安装→连杆及组件安装→隔离开关调整→静触头安装→接线及试验→隔离开关再次调整。 （3）互感器、避雷器及支柱绝缘子安装：施工前准备→基础安装检查→设备开箱检查→设备安装及调整
4	母线、绝缘子的安装	（1）管形母线安装：施工准备基础检查→管母、衬管检查、校正→管材下料加工；焊口、衬管、焊丝清理→焊接→支柱绝缘子、金具开箱检查→支柱绝缘子、金具安装→管母运输到位→吊装调整。 （2）软导线安装：绝缘子金具串组装→导线长度测量及计算→下料压接→导线架设。 （3）矩形母线安装：母线桥架制作安装→支柱绝缘子及穿墙套管的安装→母线的矫正→母线的测量及下料→母线煨弯、加工→母线安装→刷漆
5	高压开关柜安装	施工前准备→基础检查、开箱检查→盘柜就位安装→母线安装，断路器、隔离开关调整
6	电容器安装	基础检查→设备开箱检查→电容器组框架安装→电容器、支柱瓷绝缘子安装→母线安装→网门及附件安装
7	干式电抗器安装	基础检查→设备开箱检查→电抗器吊装（由高至低）→母线、接地安装
8	站用变压器及接地变压器安装	施工前准备→开箱检查→本体安装检查→附件安装校验
9	屏柜安装及二次接线安装	开箱检查→屏柜搬运→基础定位→屏柜、端子箱安装→二次盘柜接地→二次接线
10	电缆敷设	熟悉施工现场并做好作业前的准备工作→电缆支架制作、电缆管配制→预埋电缆支架、桥架安装→电缆敷设→电缆头制作
11	交直流系统安装	施工准备→基础检查→设备搬运→盘柜安装→蓄电池组安装→蓄电池充放电→验收
12	接地系统安装	作业前准备→主接地网安装→一次设备接地安装→二次接地安装→构筑物防雷接地
13	防火封堵	施工前准备→电缆沟防火墙→竖井封堵→盘、柜孔洞封堵→保护管接线盒封堵→端子箱内封堵→防火涂料

通过对施工内容进行工艺拆解，分析各工艺的工种类型，变电站安装工程种主要包括安装工、设备调试工、继保调试工、电气连接工、电缆敷设工和金具安装工和普工。

（2）架空线路工程。

1）施工内容。架空线路工程主要施工内容见表 3-3。

表 3-3   架空线路工程主要施工内容

序号	项目	主要施工内容
1	复测分坑	（1）线路复测：核对设计单位提供的杆塔明细表、平断面图与现场是否相符，设计标桩是否丢失或移动，为基础施工做好准备。 （2）分坑：根据施工要求或施工图纸所示尺寸，依照主、副桩所标识的位置，在地面上标出挖坑的范围，交给挖坑人员开挖
2	土石方工程	基坑开挖及回填：施工准备→线路路径复测→基础分坑→基坑开挖→接地沟开挖→基坑回填→接地沟回填→场地清理→质量验评
3	基础工程	（1）现浇混凝土基础：施工准备→分坑测量→基坑开挖→钢筋绑扎→模板安装→混凝土浇筑→混凝土养护→拆模→回填→清理场地。 （2）挖孔基础：施工准备→复测塔基断面→分坑、开挖样洞→复测根开、对角线等尺寸→继续开挖（护壁）→扎筋、外露立柱扎筋支模→混凝土浇制→拆模检查养护。 （3）灌注桩基础：施工准备→平整场地→桩位取样→埋设护筒→钻机就位→钻进→清孔→安装钢筋笼→安装导管→灌注混凝土→拔除护筒→混凝土养护。 （4）岩石锚杆基础：基面清理→钻机与材料准备→钻机组装→钻架对位→钻孔、清孔→验孔→锚杆插入→混凝土灌注→混凝土养护
4	接地装置	加工接地装置（开挖接地槽）→敷设地体→回填土→测量接地电阻
5	塔杆工程	（1）塔杆组立：施工准备→吊车就位→座地抱杆吊装现场平面布置→座地抱杆起立→地面组装→构件吊装→拆除抱杆→钢管杆检修。 （2）外拉线悬浮抱杆分解组立铁塔：施工准备→竖立抱杆→组立塔腿→塔身吊装→补装侧面斜材→吊装横担→拆除抱杆→清理场地。 （3）内拉线悬浮抱杆分解组立铁塔：施工准备→现场平面布置→抱杆起立→铁塔底部吊装→抱杆倒装提升→铁塔上部吊装→拆除抱杆→螺栓复紧与缺陷处理→质量验收→清理现场。 （4）座地式摇臂（平臂）抱杆分解组立铁塔：施工准备→现场平面布置→抱杆起立→铁塔底部吊装→抱杆倒装提升→铁塔上部吊装→拆除抱杆→螺栓复紧与缺陷处理→质量验收→清理现场
6	架线工程	跨越架搭设→牵张场地布置→放线滑车悬挂→导引绳展放→牵引绳及导地线展放→导地线连接→导地线紧线→平衡挂线
7	导地线压接	导地线压接→施工准备→清洗→穿管→液压操作
8	附件安装	施工准备→直线杆塔附件安装→间隔棒安装→跳线安装
9	防护设施	防护设施→施工准备→防护设施施工→场地清理

2）施工工种类型。通过对施工内容进行工艺拆解，分析各工艺的工种类型，架空线路工程施工工种主要包括测量工、木工、钢筋工、高空作业工、压接工、司索工、绞磨工、牵张机工、机械操作工（挖掘机等）、电工和普工。

（3）电缆线路工程。

1）施工内容。电缆线路工程主要施工内容见表 3-4。

表 3-4 电缆线路工程主要施工内容

序号	项目	主要施工内容
1	电缆沟、排管施工	（1）电缆沟、槽开挖及回填沟、槽开挖→边坡修整→人工清底→结构施工→回填施工准备→基底处理与填前碾压→摊铺与碾压→质量检查验收。 （2）沟体及工井施工： 1）钢筋混凝土沟体：混凝土垫层→底板钢筋绑扎→底板模板支护→底板混凝土浇筑→侧墙、顶板内模支护→侧墙、顶板钢筋绑扎→侧墙、顶板外模支护→侧墙、顶板混凝土浇筑。 2）砖砌沟体：混凝土垫层→施工防水→底板钢筋绑扎→底板模板支护→底板混凝土浇筑→侧砖墙砌筑→变形缝施工→水泥砂浆抹面→预制盖板安装→防水施工→土方回填→附属构筑物。 （3）排管施工：测量放线→沟槽开挖→基槽验收→素土夯实→条基安装或浇筑→管枕安装→管道安装→管间回填→验收。 （4）非开挖水平导向钻进施工：现场勘察→施工准备→导向钻进→预扩孔（第一次预扩孔，第二次预扩孔）→回拉铺管
2	电缆安装敷设	图纸审查，了解电缆沟道走向→按照图纸检查沟体等施工质量→按电缆路径选择合适的电缆敷设导轮位置→电缆盘就位→牵引头安装、牵引绳展放及连接→电缆牵引敷设→电缆位置校正检查→截断、封头处理→电缆绝缘和耐压试验→电缆孔洞封堵及防火阻燃材料填充→覆盖砂以及盖砖→埋设标杆做标志牌
3	电缆接头、终端制安装	作业准备（构架安装—工作房搭建—附件材料清点—电缆相位核对）→中间接头安装（直线、绝缘、分支接头）→终端安装（户内、户外、设备终端）→ SF_6 终端气体处理→交叉互联箱安装、测试→护套接地箱安装、测试→避雷器安装→引线连接
4	电缆附属设备安装	避雷器安装、接地安装、保护管敷设、防火措施、在线监测安装、支架、桥架制作安装等
5	电缆常规试验及调试	（1）绝缘电阻。 （2）电缆外护套试验。 （3）主绝缘交流耐压试验。 （4）正序和零序阻抗。 （5）接地点接地电阻。 （6）电缆终端内绝缘油试验。 （7）铜屏蔽层电阻和导体电阻比（R_0/R_x）。 （8）相位检查。 （9）局部放电试验

2）施工工种类型。通过对施工内容进行工艺拆解，分析各工艺的工种类型，电缆线路工程种主要包括土建工（同建筑工程）、电缆敷设工、电缆试验工、终端头制作工、接线工和普工。

3.1.2　电力施工企业人工成本构成及影响因素分析

1. 人工成本构成分析

（1）人工成本定义。

人工成本包含人工费和规费。人工费概念及范围与《电网工程建设预算编制与计算规定（2018年版）》中一致。人工费是指支付给直接从事建筑安装工程施工作业的生产人员的各项费用，包括基本工资、工资性补贴、辅助工资、职工福利费、生产人员劳动保护费。规费是指按国家行政主管部门或者省级人民政府和省级有关权力部门规定必须缴纳并计入建筑安装工程造价的费用，包括社会保险费（养老保险费、失业保险费、医疗保险费、生育保险费、工伤保险费）和住房公积金。

（2）人工单价类型。

人工单价按来源分为定额人工单价、人工信息价、人工指导价和人工市场价，具体内容见表3-5。

表3-5　　　　　　　　　　　　　　人工单价类型

序号	人工单价类型	组成内容
1	定额人工单价（定额站预算发布）	基本工资、工资性补贴、辅助工资、职工福利费、生产人员劳动保护费，按8h工作时间为一个工日
2	人工信息价（造价管理部门发布）	劳务日工资价格包含了工资性收入、社会保险费、住房公积金、工会经费、职工教育经费、职工福利费及特殊情况下支付的工资等，按8h工作时间为一个工日
3	人工指导价（人力资源部门发布）	工资价位：指企业从业人员在报告期内的工资报酬合计，包括基本工资、绩效工资、津补贴、加班加点工资和特殊情况下支付的工资等。 人工成本：包括劳动报酬、福利费用、教育经费、社会保险费用、劳动保护费用、住房费用和其他人工成本。 说明：按实际的工作时长综合而来，不是按8h工作时长考虑，包含了必要的加班加点时间
4	人工市场价	也指税前工资，包括基本工资、绩效工资、津补贴、加班加点工资和特殊情况下支付的工资。 说明：为实际的工作时长，不是按8h工作时长考虑，包含了必要的加班加点时间

1）定额人工单价。根据《电力建设工程预算定额（2018年版）》，定额人工

单价是每工日按八小时工作制计算支付的人工费用。电力建设工程定额人工费是直接工程费的组成部分，是指直接从事电力工程建设生产一线工人的各项开支费用。定额人工费的主要组成项目见表 3-6。

表 3-6　　　　　　　　　　　　定额人工费的主要组成项目

序号	组成项目	具体内容
1	基本工资	指根据国家相关规定计取的生产人员的岗位工岗位津（补）贴、技能工资、工龄工资和工龄补贴等，基本资应按照规定的标准核定
2	工资性补贴	指按照规定标准发放的物价补贴，煤、燃气补，交通补贴，住房补贴，以及流动施工津贴等
3	辅助工资	指生产人员年有效施工天数以外非作业天数的工资，包括职工学习、培训期间的工资，调动工作、探亲、休假期间的工资，因气候影响的停工工资，病假在六个月以内的工资，以及婚、丧假期间的工资
4	职工福利费	指企业按照工资一定比例提取的专门用于职工福利性补助、补贴和其他福利事业的经费，如书报费、洗理费、取暖费等
5	生产人员劳动保护费	指按规定标准发放的劳动保护用品的购置费及修理费、服装补贴、防暑降温及保健费，在有碍身体健康环境中施工的防护费用等

2）人工信息价。人工信息价是当地建设工程造价管理协会主编的价格，是一种价格指导性文件。人工信息价是以市场价为基础，按照八小时工作制原则进行调整得到的人工价格。相比定额人工费，人工信息价一般按月度或季度发布，体现为具体时间段的人工市场价格，例如，广州市 2024 年 4 月人工劳务价格，而定额人工费是定额编制期的人工价格，未考虑建设预算编制期与定额编制期人工价格之间的差额。人工信息价往往用于计日工和零星用工的计价。

3）人工指导价。人工指导价是政府权威机构发布的一类价格，主要体现当地的工资价位和企业人工成本。例如《2022 年广东省人力资源市场工资价位及行业人工成本信息》，一是清晰地反映了广东省范围内各行业、各类技能人才的工资价位，并采用分位数进行排列，工资价位体现年度内个人的工资总额；二是反映广东省范围内各行业的企业人工成本水平，人工成本体现年度内企业一名员工的总成本。人工指导价主要应用于无费用标准施工内容的费用测算。

4）人工市场价。人工市场价是在输变电工程建设过程中施工承包单位按照工种类型、技能等级、级别、施工时间、施工条件及难易程度不同，并按照工程所在地当时的建设工程市场人工单价行情实际支付给施工工人的日工资，具有时效性和动态性。人工市场价单指人工劳务费，是一种经双方协商确定的实物量劳务价格。

5）人工价格关系图。总体而言，根据以上对各类人工价格的描述，可以汇总形成一个完整全面的人工价格信息体系，如图3-1所示。

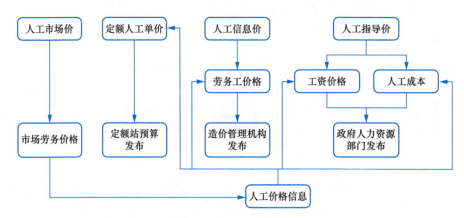

图 3-1　人工价格关系图

2. 人工成本影响因素分析

人工成本由人工单价和人工工日消耗量构成。人工单价是指完成一定工作量所需支付给工人的单位价格，而人工工日消耗量则是指完成特定工程量所需的作业时长。两个因素共同决定了项目人工成本的高低，并且它们各自受到多种因素的影响。

（1）人工单价影响因素。

人工单价受到宏观经济状况、企业性质和规模、电力行业市场环境（竞争与垄断）、货币价值的变动及通货膨胀因素导致的物价变化、劳动力市场供需状况、地区经济水平、企业承接项目类型、工种类型、专业技能和经验丰富程度，以及政策导向等因素的影响。

举例说明，当市场上的劳动力供应大于需求时，电力施工企业的人工成本相对较低；反之，若专业电力施工人员短缺，企业为了吸引和保留人才，需要提高工资水平，从而增加人工成本。从地区看，一线城市的生活成本较高，相应的工资水平也较高。从技能和经验看，电力施工需要一定的专业技能和资质，如高压电操作证等，具有相应技能和资质的工人通常工资较高。从宏观看，总体经济较好、电力建设需求增加时，电力施工企业的人工成本及单价可能会上升，同时通货膨胀会导致生活成本上升，员工会要求提高工资。

（2）人工工日消耗量影响因素。

人工工日消耗量，是指在正常施工生产条件下，完成规定计量单位的建筑安装产品所消耗的生产工人的工日数量。人工工日消耗量受到工程类型、施工难度（施工环境）、项目管理和施工组织设计、施工技术和工艺、机械化程度（设备选型）、材料和设备的供应、人员专业技能和经验丰富程度、质量控制要求、安全要求、政策和法规影响、交通状况，以及其他社会状况（当地居民对施工态度）等因素影响。

以基础的混凝土浇筑工作为例，恶劣的施工环境、落后的技术工艺，以及材料供应不及时都会导致人工工日消耗量增加，从而增加了人工成本；反之，如果项目管理得当、施工技术先进、机械化程度高，那么可以有效减少人工工日消耗量，降低人工成本，提高施工效率。

3.1.3　电力施工企业人工成本管理难点

通过选择典型电力工程案例进行研究，结合电力施工企业项目建设过程中的管理信息和真实有效的人工成本数据，可以从较为全面的视角来观察行业动态，进而得到关于电力施工企业人工成本管理的若干关键发现。

案例选取 11 个工程作为典型工程进行分析，这些工程覆盖了不同电压等级的变电站工程（新建和扩建）、架空线路工程以及电缆线路工程，案例信息见表 3-7。

表 3-7　　　　　　　　　　典型电力工程案例信息

序号	工程名称	类型
1	某地区 220kV 移动输变电工程	变电站新建工程
2	某地区 110kV 三虎（装备 1）输变电工程	变电站新建工程
3	某地区 110kV 输变电工程（土建分册）	变电站新建工程
4	某地区 110kV 输变电工程（土建部分）	变电站新建工程
5	某地区 500kV 输变电工程（标段二）	变电站扩建工程
6	某地区 220kV 输变电工程（第二分册）	变电站扩建工程
7	某地区 500kV 外环东段工程	架空线路工程
8	某地区 500kV 配套 220kV 线路工程施工标段二	架空线路工程
9	某地区配套 220kV 出线工程（第二分册）	架空线路工程
10	某地区 110kV 线路工程	架空线路工程
11	某地区 220kV 双回电缆化改造工程	电缆线路工程

在这些案例中，可以研究总结出行业人工成本持续上涨这一现象在技术工人短缺和人口老龄化的背景下尤为显著。此外，电力定额人工费用的调差机制在应对区域经济发展水平差异时显示出其局限性，导致某些地区的定额人工价

格无法与市场单价相匹配。同时，智慧安监系统的引入虽然提升了安全监管水平，但也带来了额外的管理成本和技术挑战，特别是在专业技术人员的需求和施工班组对新系统的适应性方面。这些发现揭示了电力施工企业在人工成本管理上面临的复杂性和多维度的挑战。

1. 行业人工成本持续上涨

随着社会对劳动权益保护意识的增强以及人口老龄化的加剧，劳动力市场供不应求的情况日益严重，特别是技术工人的短缺，使得人工成本呈现出逐年上涨的趋势。对于电力施工企业而言，这意味着在保持原有施工质量和效率的前提下，需要支付更高的人工费用。人工成本的上涨加重了企业的负担，导致企业在人工成本控制上面临更大的压力，原本就紧张的利润空间进一步受到挤压。这种长期趋势使得电力施工需要不断探索新的管理模式和技术手段来应对。

2. 定额费用调差存在局限

电力定额人工费用的调差机制旨在根据市场变化调整人工费用，以反映实际施工成本。然而，我国不同地区之间的经济发展水平存在显著差异。在经济发达地区，由于工业化和城市化进程较快，电力施工项目的需求量大，同时劳动力市场也相对充足，因此人工费用相对较高。而在经济欠发达地区，电力施工项目的需求量相对较小，劳动力市场也相对薄弱，因此人工费用相对较低。由于多种因素的影响，调差机制往往难以完全弥补区域之间的不平衡。一方面，定额的调整往往存在一定的滞后性，难以及时反映市场变化；另一方面，定额的调整幅度也受到多种因素的制约，如政策导向、行业规范等。因此，即使进行了调差，部分地区的定额人工价格仍然可能低于市场单价。

3. 智慧安监系统带来挑战

智慧安监系统的引入，旨在通过数字化、智能化的手段提升施工现场的安全监管水平。这一系统的全面推行涉及多个环节，包括系统的购置、安装、调试、维护以及操作人员的培训等，这些环节均会对施工班组的管理成本产生影响。具体来说，系统的操作和维护需要依赖于专业的技术人员，这不仅增加了施工企业的人力资源需求，也提高了相应的人工成本。同时，由于智慧安监系统的操作相对复杂，施工班组的成员需要投入额外的时间和精力进行学习和适应，这进一步增加了企业的成本支出。

3.2　电力行业动态定额体系的构建

电力行业动态定额体系的构建是一个涉及多方面、多层次的复杂任务，它不仅关系到电力程造价与定额管理的现代化进程，也是适应市场变化、提高计价效率和准确性的关键措施。但是传统的电力定额存在制定不科学、更新不及时、不匹配管理需求等一系列问题，因此，为了应对传统定额中的问题，动态定额应运而生。

3.2.1　行业定额管理的现状与挑战

1. 传统定额管理的问题分析

传统定额管理因其细致规定与精确算量，虽然确保了造价计算的准确性，却忽视了工程造价的动态可控性，难以匹配市场化对性价比的追求。其固定化的施工措施消耗及滞后的价格调整机制，导致工程价格偏离市场实际，难以适应社会主义市场经济下生产要素价格的市场化波动。

（1）定额制定不科学。

在工程项目管理领域，定额制定的科学性对于确保项目成本控制和资源优化配置至关重要。然而，传统定额在制定过程中存在不科学的问题，这些问题主要表现在缺乏市场适应性、缺乏差异化计价，以及忽视企业自身特点等方面。这些问题导致定额与实际施工成本和市场需求脱节，无法满足现代工程建设的需求。此外，传统的定额管理模式中计价方式单一，难以满足不同项目的特殊需求和市场多样化的计价需求。企业在制定定额时忽视了自身施工特点和技术优势，导致定额无法有效指导企业的生产活动。

这些问题的影响是深远的，不科学的定额制定导致成本预测不准确，增加了项目超支的风险，影响企业的经济效益。为了控制成本，施工单位可能会在材料和施工质量上做出妥协，从而影响工程质量。成本控制不力，可能导致资金链断裂，进而影响项目进度。不科学的定额管理还可能导致资源配置不合理，造成资源浪费。如果企业无法有效控制成本，其市场竞争力将受到影响。

（2）定额更新不及时。

工程定额的修订和更新周期较长导致输变电工程使用的传统定额更新滞后。根据国家能源局发布的《电力建设工程定额和费用计算规定（2018 年版）》，定额的更新周期通常为 5 年。这种周期性更新难以跟上快速变化的技术和市场环境，导致定额信息可能已经过时，无法及时适应工程建设领域的新技术、新工艺和新要求。

定额更新不及时对输变电工程行业的影响深远且复杂，首先，它导致成本控制变得困难，因为市场价格波动，尤其是材料费用的快速上涨，使得建安工程费用增加，预算超概算的可能性随之增加。然后，由于输变电工程从设计到施工周期较长，涉及的设备价格以及永久征地、房屋拆迁等建设场地征用费也会随着市场的变化而变化。定额更新不及时，无法反映这些费用的最新变化，可能导致预算超出概算，进而影响项目进度。国家的法律法规、价格政策、金融政策、税收政策等均会对工程造价产生一定的影响，定额更新不及时导致无法及时适应这些变化，影响工程总投资的准确性和合理性。随着电力行业从高速增长进入高质量发展阶段，新建输变电工程投资需求放缓，技术改造、自动化、信息化、客户服务等领域投资占比逐步提升，定额更新不及时，将影响电力行业的高质量发展。因此，定额更新不及时不仅影响单个项目的成功率，还会对整个行业的健康发展造成阻碍，需要通过建立动态调节机制、加强信息化建设等措施来解决这些问题。

（3）定额不匹配管理需求。

定额不匹配管理需求的原因多方面且复杂，现行企业定额标准体系缺少信息化支撑，财务和业务部门大多依赖手工统计，手段落后。同时，企业定额体系建设没有完整的指标体系，未实现单位全覆盖，非经常业务部门相关业务尚未纳入全系统定额标准体系，考核缺乏标准。现行的总额控制标准较多，具体执行标准偏少，缺少成本费用审核的量化标准。工程定额编制基本上实现了信息化与数字化，但离实践应用要求还存在较大差距，没有建立起完备的软件资源应用库和基于工业互联网的大数据中心平台，导致数据信息的关联挖掘和互通共享不足。这些问题的存在，使得定额不匹配管理需求的问题日益凸显，需要通过改革和创新来解决。

定额不匹配管理需求对工程项目的影响深远且复杂，它不仅会导致成本控制失效，增加项目超支的风险，还会影响工程质量，迫使施工单位在材料选择和施工质量上做出妥协，进而影响工程的安全性和耐用性。此外，成本控制不力，资金链可能会断裂，导致项目进度延误，造成工程延期，给企业带来额外的经济压力和信誉损失。不合理的资源配置会造成资源浪费，降低资源利用效率，而市场竞争力的下降则会使企业难以在激烈的市场竞争中保持优势。不准确的定额还会影响投资决策的准确性，导致错误的投资方向和资源分配，增加投资风险。合同中的价格条款与实际成本不符，会增加合同执行过程中的纠纷和索赔风险，而不合理或过时的定额设置可能导致员工工作量过大或激励机制失效，影响员工的工作积极性和团队士气。此外，定额不匹配可能阻碍新技术、新工艺的应用，因为它们可能无法在现有的定额体系中得到合理的成本评估和预算支持。长期来看，定额不匹配管理需求会影响企业的可持续发展，因为它削弱了企业对市场变化的响应能力和成本控制能力。

2. "以量补价"现象的深入探讨

"以量补价"是指在市场竞争中,企业通过增加销售量来弥补单价下降带来的利润减少。在电力施工企业中,"以量补价"的人工成本策略主要是指通过增加工程量来弥补定额中综合工日单价与实际的不符。这种策略在一定程度上反映了电力施工企业在面对市场变化时的灵活应对能力和成本控制意识。

"以量补价"模式的根本原因主要有两个方面:首先,确定综合工日单价时,为了与电力工程行业的标准保持一致,避免工日单价差异过大,导致标准工日单价低于市场实际水平;其次,由于缺乏对电力建设工程实际数据的系统收集,而是仅依赖于施工单位提供的投标人力计划数据,这种方法遵循"量价平衡,总体可控"的原则,即在总人工费用预算固定的前提下,通过分析来平衡消耗量和工日单价,这种"自上而下"的策略意味着,只要工日单价未能与市场价格同步,就不可避免地会出现"以量补价"的现象。

首先,为了打破"以量补价"的模式,需要采用"自下而上"的策略,即先通过实地调研和分析来确定实际的消耗量和工日单价,然后据此计算总人工费用,实现"量真价实"的管理模式。具体来说,确定消耗量应基于真实情况,预算定额的制定应依据行业平均水平,确保电力工程预算定额消耗量能够反映行业平均水平。确定消耗量的方法通常包括现场观察、实地调研、专家经验以及统计实际数据等。实现"量真"可以通过以下两种方式,自下而上的方法,通过现场旁站观察,收集电力建设工程的实际数据,以确定各子项的合理消耗量;自上而下的方法,在修订定额时,收集近期完成或即将完成的电力建设项目的人力月报和考勤数据,分析并排除非正常施工消耗和非样本工程范围的消耗,确定整个样本项目的整体消耗量数据,然后根据上一版定额对消耗量进行整体修正和调整,以确保修正后的定额消耗量与当前现场实际情况基本一致。

其次,确定综合工日单价时也应坚持实事求是的原则,即工日单价的设定应基于市场实际状况和国家的相关规定,并且需要通过专门的调研和分析来实现。为了实现"价实"的目标,电力建设工程预算定额中的工日单价可以依据以下基准价来确定,即基于电力建设工程施工现场调研得出的综合工日单价或实际薪酬水平,在确定了基准价之后,还需收集并分析以下数据,进行多角度的对比验证,包括分析、验证,并最终综合确定工日单价,以确保电力建设工程预算定额中综合工日单价的合理性。

3.2.2 利用企业人工成本数据构建动态定额体系

按照国家行业主管部门有关定额编制管理规定的要求,《电力建设工程概预算定额（2018 版）》的编制调研了全国多地的劳务用工单价情况，分析了定额人工工日单价和市场劳务用工价格的差异，调整了各册定额用工类别的人工工日单价。定额中的人工单价应当根据实际施工成本和市场需求的变化进行灵活调整。

1. 基于大数据的动态定额制定方法

基于大数据的动态定额制定方法主要是利用大数据技术收集、处理和分析各种与定额制定相关的数据，从而得出更加科学、合理的定额标准，基于大数据的动态定额制定方法的核心在于数据的收集、处理和分析，以及定额标准的确定与优化。

（1）数据收集。

数据收集是动态定额制定的基础。通过大数据技术，可以从多个渠道收集与定额制定相关的数据，具体来说，这些数据包括历史项目数据，涵盖了人工成本、工期和质量等关键指标，为定额制定提供了宝贵的参考；市场数据，涉及市场价格、供求关系和竞争态势，这些信息能够揭示市场的最新动态，为定额制定提供市场导向；以及技术数据，包括新技术、新工艺和新材料等，反映了技术进步对定额制定的影响。数据收集的目的是建立一个全面的数据集，这个数据集能够为动态定额的制定提供多维度的支持。通过大数据技术，可以使定额中的数据得到不断的更新，实现定额的动态性。

（2）数据处理与分析。

数据处理是对收集到的数据进行清洗、整理和分析的过程。这一步骤的目的是确保数据的准确性、完整性和一致性，为后续的分析和定额制定提供可靠的数据支持。在这一过程中，首先进行数据清洗，目的是剔除重复、错误和不完整的数据，以提高数据质量；接着是数据整理，通过分类、编码和格式化等手段，使数据更加有序，便于分析；最后是数据分析，利用统计分析和数据挖掘技术深入挖掘数据背后的内在联系和规律，为决策提供科学依据。通过上述步骤构成了数据处理的核心内容，确保了数据的可用性和可靠性。

（3）定额标准的确定与优化。

在确定定额标准时，应遵循科学性原则，基于实际工程数据和经验，确保定额的合理性和可行性。通过数据收集的内容可以实现定额标准的确定，这些数据为定额标准的科学制定提供了基础。此外，通过分析我国电力工程行业定额体系中存在的问题，利用大数据信息处理技术确定科学的定额标准制定方法。在定额标准的优化方面，可以利用大数据技术进行动态管控，通过 BIM 技术进行虚拟模拟施工，预判工程可能发生的变动，明确工程成本，从而整体控制施工成本。同时，应用大数据技术及时明确市场价格相关信息的浮动，科学地实行采购策略，降低材料采购成本。通过构建"数据链"，用数据说话，用数据决策，不断地对定额标准进行优化和完善，确保定额标准的准确性和适用性。

2. 定额动态调整的实施策略

定额动态调整是一个涉及实时数据收集、数据分析、预警监控以及定期复审等多个环节的复杂系统，确保工程项目的定额能够灵活地适应不断变化的内外部环境。首先，通过在工程项目现场部署传感器和监测设备，实时收集包括材料消耗、人工工时、机械使用情况等多维度数据，为定额调整提供数据基础，为后续的分析和决策提供了详细真实的原始信息。随后，这些海量的实时数据通过信息化平台进行整合，利用统一的标准格式进行处理，以确保数据的一致性和准确性。最后，通过高速的网络技术，这些整合后的数据被迅速传输到分析系统，为定额的动态调整提供坚实的数据支撑。

在数据分析阶段，利用大数据技术对收集到的海量数据进行深入分析和处理，以精确分析数据变化对定额标准的具体影响，这一过程不仅涉及对数据的简单统计和比较，还包括对数据背后复杂模式和趋势的挖掘。例如，当市场上关键材料的价格或者人工费用出现波动时，系统能够自动捕捉到价格的异常波动，并及时更新定额中的相关成本参数，以反映最新的市场情况，这种自动化的响应机制极大地提高了定额调整的时效性和准确性，充分展现出了定额调整的动态性。不仅如此，在相关技术使用的过程中还会考虑到价格波动可能引发的运输成本、仓储成本等间接成本的变化，以及各定额指标之间的相互关联性，例如，材料成本的增加可能会影响电力工程进度，进而影响人工成本。因此，通过协同调整，可以提高定额体系的整体合理性和连贯性，避免单一成本因素的变化导致整个项目成本控制的失衡。

此外，系统还设置了预警阈值，以便在数据变化超出正常范围时，能够及时发出预警信号，提醒相关人员采取必要的措施。同时，整个调整过程都处于实时监控之下，每一次调整的触发原因、内容、涉及的定额项目以及调整后的效果等详细信息都会被记录下来。通过可视化的监控界面，管理人员可以方便地查看整体情况，确保调整过程的合规性、准确性。

最后，建立定额标准的定期复审机制，通过灵活响应市场环境的变化、技术的革新进步，以及企业在人工成本方面的数据波动，确保定额标准能够及时地根据这些因素进行调整，以保持其相关性和有效性。实施后，通过实际的项目应用来收集反馈信息，评估定额的适用性和效果，确保能够满足当前的项目需求和行业标准，识别出定额体系中可能存在的问题和不足之处，形成闭环管理，不断地对定额体系进行优化和调整，以确保始终保持最新状态，达到定额动态调整的目的，并能够适应不断变化的市场和技术环境。

3.3 动态定额体系的应用效果与展望

动态定额管理体系的核心在于其灵活性和准确性，它强调要根据市场的最新变化、技术的不断革新以及价格的波动等因素，对定额管理标准进行及时调整和更新，以确保提高资源配置的效率。动态定额管理体系的引入，意味着传统的定额管理方式正在向更加科学、合理的方向转变。它要求管理者不仅要关注当前的市场状况，还要具备前瞻性，能够预测和应对未来可能出现的市场变化。

3.3.1 提高定额管理的灵活性与准确性

1. 定额管理灵活性提升路径

在动态定额管理体系的框架下，动态定额管理灵活性的提升主要体现在市场导向、敏捷管理和弹性调整三个方面：

市场导向可以将劳动力市场的需求和反馈作为定额管理调整的主要依据，这种导向使得定额管理能够快速响应市场的变化。基于劳动力市场的数据，可以开发动态定额调整模型，通过该模型可以根据市场数据的变化自动调整定额标准，提高定额管理的灵活性。此外，利用模型还可以减少人为的干预，从而提升响应速度，以确保制定的定额标准与市场实际情况保持一致。

敏捷管理可以快速地识别劳动力市场趋势和人工成本的变化，从而提高定额标准的灵活性，为电力施工企业提供关键的决策支持。这种能力还能帮助电力施工企业能够及时调整其定额标准，以应对外部环境的变化。例如，如果劳动力价格突然上涨，电力施工企业可以迅速调整其成本控制策略，以减少对利润的影响。此外，敏捷的响应机制还涉及电力施工企业内部流程的优化。通过简化决策流程和提高组织灵活性，电力施工企业能够更快地实施新的定额标准和成本控制措施。这种灵活性不仅有助于电力施工企业在短期内适应市场变化，还能够在长期内提高电力施工企业的运营效率和市场竞争力。

弹性定额调整也在一定程度上提高动态定额管理的灵活性，动态定额管理系统能够根据实时数据和市场预测结果，自动或手动调整定额标准，确保定额标准的时效性和适应性。这种机制不仅提高了电力施工企业对市场变化的适应能力，还简化了定额调整流程，使定额标准能够更加迅速地适应业务变化，从而提高管理效率。

2. 定额管理准确性提升路径

在动态定额管理体系的框架下，定额管理准确性的提升主要体现在动态分析、数字驱动和评估反馈三个方面。

动态分析可以实时监控市场动态以及深入分析历史数据，从而帮助企业准确地捕捉市场变化，预测成本波动。此外，企业还可以根据动态分析的结构优化定额标准，从而保证了企业能够与市场紧密对接。这种基于数据和事实的分析方式，不仅增强了企业对市场变化的敏感度和响应能力，还大幅提高了定额管理的准确性。

数字驱动为动态定额管理体系提供了强大的数据支持，通过数据分析、云计算等信息技术，可以实时收集和处理市场数据，包括劳动力价格、原材料价格、新设备、新材料等关键信息。动态定额管理体系能够对所收集的数据进行高效地整合和分析，从而为定额数据的调整提供了准确的依据，保证了定额管理的准确性。此外，数字信息技术还支持动态定额管理体系搭建动态信息管理平台，实现定额信息的集中管理，从而允许相关方在平台上实时查看、提交数据以及讨论定额信息。通过这种方式，提高了信息的透明度，使得定额管理更加高效和准确。

评估反馈机制则进一步保证了定额标准准确性。这种机制通过建立全面和科学的评估指标体系，包括成本控制、资源利用效率、项目完成时间、质量标准等方面，通过这些指标使得电力施工企业能够从多个维度评估定额标准的执行情况。此外，实时反馈确保了电力施工企业能够及时收集和分析执行数据，评估定额标准的实施效果。这种反馈不仅帮助电力施工企业及时发现定额管理性存在的问题，还能够帮助电力施工企业持续改进和优化定额标准。例如，通过定期的绩效评估会议，电力施工企业可以识别出哪些定额标准执行效果好，哪些需要改进，并据此调整定额制订方案。此外，综合考核与反馈机制还涉及对员工的激励和奖惩制度。通过将员工的绩效与定额标准的达成情况挂钩，可以提高员工的积极性和工作效率。这种正向激励机制有助于激发员工的潜力，提高整个团队的执行力。通过综合考核与反馈可以使得定额管理更加贴合电力施工企业的实际运营情况，进而提高定额标准的准确性和电力施工企业的运营效率。通过不断地评估、反馈和改进，电力施工企业能够确保定额管理始终处于最佳状态。

3.3.2 促进企业成本控制与效益提升

首先，依托于现代信息技术建立的动态定额管理体系，为企业在进行人工成本控制时提供了精准的依据。以大数据、云计算、人工智能大模型等作为支撑，并结合现有的技术规范和施工标准等，将现有的定额体系网络化，通过实时捕捉和分析劳动力市场资源的价格波动，实现电力施工企业定额的动态更新，帮助企业更好地适应市场变化，从而使企业能够按需调整人工成本。而且，动态定额管理体系的构建还有利于构建电力行业技术经济协作生态圈，促进电力施工行业的产品供应链上各环节主体之间的良性互动，企业可以更加高效地协调人力资源，在保证工程项目质量的情况下，实现人力资源精准控制，优化人工成本。

其次，依托于动态定额管理体系的实时动态更新，不仅缩短了定额更新的时间间隔，保证了定额数据的时效性和准确性，而且高效的数据选择，还为企业提供了更加全面、可靠的信息支持，这在一定程度上降低了信息不对称的影响，减少了企业决策过程中的不确定性。同时，该体系还能够帮助企业通过市场变化和项目需求，实现资源分配的灵活调整，提高资源利用率，从而优化整体的施工效率，提高盈利能力。此外，在动态管理的场景下，服务流程的优化以及响应速度的提高可以更好地迎合客户需求，提升客户满意度，从而为企业带来更加稳定的收入和良好的口碑，实现进一步的效益提升。

3.3.3 展望

定额管理在其长期发展的过程中，始终围绕着在技术革新和管理方法的基础上不断演化，进而推动定额管理的迭代更新。因此，本节将从数字化转型与动态管理两个方面讨论动态定额管理体系的发展趋势。

从数字化转型来看，传统定额的制定往往都是基于历史数据和经验，缺乏实时的数据支持与动态分析。而且，传统人工成本定额管理与生俱来的滞后性可能会导致技术选择落后、市场实际情况偏离等情况，若不能对定额实施动态化调整，就会影响人工成本的准确性。因此，基于大数据、互联网＋等现代信息技术来完成定额管理的数字化转型，将是解决定额管理更新周期长、缺乏流程自动化和动态分析等问题的首要任务。此外，随着数据库与智慧工程管理系统的普及，数字化平台成为未来的发展趋势。需求管理模块负责通过定额使用反馈以及新技术的运用，发布新增定额编制需求，以确保定额管理能够及时响应市场和技术的变化。人员管理模块负责专业技术人员在系统内的注册，然后通过考核筛选申请人员并将合格人员纳入专业技术库，从而保证定额编制的质量。发布管理模块负责任务的分配与相关资源的合理利用。发布管理模块负责将修正好的新定额进行发布和检测定额使用情况。这种全过程动态化管理模式，需要加强对共性技术的攻关。此外，建立数字中台以打破数据之间的隔阂也是未来动态定额管理体系发展的趋势之一。

从动态管理来看，动态定额管理体系的管理模式发生了重大变化。为满足市场的需求，定额管理已经实现由传统"量价合一"的静态管理到如今基于"弹性原则"的动态管理模式的转变。然而，面对着如今日新月异的市场环境，现有的动态管理模式存在不足，无法完全满足企业的需求。首先，动态管理要求企业的各部门在决策过程中能够迅速地响应市场变化和内部需求。然而，各部门之间决策流程的差异以及信息不对称等因素的影响，导致整体的决策过程变得缓慢和烦琐。因此，优化决策流程，建立快速响应机制，保证定额管理体系适应不同的建设模式和发展需求，是动态管理模式未来亟须解决的主要问题。其次，定额编制方法还存在许多不足，比如，定额编制方面仍然沿用传统定额测定方法、编制过程中缺乏统筹性以及编制依据缺乏灵活性等诸多问题。显然，革新定额编制方法是动态管理模式未来要攻克的任务之一。最后，建立统一完善的定额动态调整机制，形成具有指导性的定额共享机制也是动态管理未来的目标之一。

具体而言，动态定额管理体系要保持生命力，需要不断地跟随如今经济与高新信息技术的快速发展，以适应社会生产水平的变化。在未来，动态定额管理体系需要更加注重与市场行情的同步，这样才能更加准确地反映劳动力、材料价格以及新技术带来的市场要素价格的变化。这意味着，动态定额管理体系的发展必须与时代进步保持同步，在保证定额质量的同时，还要更好地迎合企业的需求，从而能够更好地服务于电力施工企业，为企业提供更加全面的计价依据。

第 4 章

电力施工企业动态人工成本数据库分析

在当今数字化时代，数据已成为企业发展的关键要素。而人工成本作为企业运营的重要组成部分，其数据的管理和分析对于企业的决策和发展至关重要。为了更好地应对这一挑战，电力施工企业需要建立一个动态人工成本数据库，以实现对人工成本的全面、准确、实时的管理和分析。从动态人工成本数据库的概念出发，详细探讨电力施工企业动态人工成本数据库的设计架构、应用场景、管理流程等内容，帮助企业更好地利用这一工具，提升管理水平和竞争力。

4.1　电力施工企业动态人工成本数据库概述

在深入探讨电力施工企业动态人工成本数据库之前，我们需要对数据库的基本概念及其在不同经济时代的发展演变有一个清晰的认识。这不仅有助于我们理解动态人工成本数据库的重要性，还能让我们更好地把握其在电力施工企业中的应用价值。因此，接下来将从数据库的基本概念出发，进而引出人工成本数据库，再过渡到动态人工成本数据库，并逐步剖析其特点。

4.1.1　动态人工成本数据库的概念

1. 数据库

（1）数据库的概念。

数据库（Database）是按照一定的数据模型来组织、存储和管理数据的集合。它是长期储存在计算机内、有组织、可共享的数据集合。其核心功能在于系统地收集、组织、存储、检索、更新以及保护各类数据。它不仅能够确保数据的完整性、一致性和安全性，还提供了灵活的数据访问机制，使得用户能够根据需要迅速获取所需信息。数据库的基础作用在于支撑企业的日常运营与决策分析，通过整合不同来源的数据，形成统一的数据视图，为企业的业务处理、报告生成和战略规划提供一定的数据基础，成为企业数据资产的核心载体。

（2）前数字经济时代的数据库。

在数字经济时代之前，数据库主要被视为一个用于存储和管理数据的工具，它允许用户以结构化的方式存储和访问数据。当时，数据库技术主要用于企业内部的数据管理，如金融、统计、科研和企业管理等领域。关系型数据库是这一时期的主流，它们使用表格来存储数据，每个表格都有行和列，这种结构化的数据模型非常适合处理结构化的信息。

（3）数字经济时代的数据库。

在数字经济时代，数据作为一种新的生产要素，在数字经济中扮演着越来越重要的角色。随着信息技术的发展，数据已成为推动经济增长的新动力，而数据库，作为数据存储、管理与分析的基石，其重要性不言而喻。进入数字经济时代，数据库的角色和功能发生了显著变化。一方面，进入 21 世纪，数据量呈现出爆炸式增长，数据类型也变得更加多样化。为了满足这种需求，数据库技术不断升级和创新，出现了能够处理多种工作负载、数据类型及场景的数据库系统。这些数据库系统不仅具备事务处理和分析的能力，还支持多模数据处理，并兼容多种主流数据库协议，满足了企业在数字化转型过程中对数据的存储、管理和分析需求。另一方面，在数字经济时代，数据库已成为企业数字化转型和开展数字业务的核心生产要素之一。数据库技术与企业的业务运营深度融合，通过数据分析和挖掘，为企业提供了更加精准、高效的决策支持。

（4）未来发展趋势。

随着云计算的普及和大数据技术的不断发展，云数据库正在成为未来数据存储的主流解决方案。云数据库不仅提供了弹性的存储和计算资源，还具备了高可用性、低延迟、自动化运维等优势。这种技术趋势使得企业能够更加专注于业务创新，而无须为底层的数据库管理操心。特别是在人工智能和物联网快速发展的今天，数据的产生和处理量呈现出几何级数的增长，这对数据库的性能、扩展性和灵活性提出了更高的要求。云数据库通过自动扩展、分布式存储和多租户支持，正在逐步满足这些新兴需求。

2. 人工成本数据库

（1）狭义的概念。

狭义的人工成本数据库主要侧重于能够以资金价值方式体现出来的成本数据，包括基本工资、奖金津贴、社会保险费用等直接人工成本，并扩展至与人力资源管理活动紧密相关的间接成本，诸如招聘费用、员工培训开支及离职经济补偿等。

（2）广义的概念。

广义的人工成本数据库则更为宽泛，它不仅囊括了狭义范畴内的所有能够以资金价值体现的成本信息，如基本薪资、社保费用等，还进一步整合了人员的基本资料、考勤记录、项目基本信息等内部信息。此外，鉴于外部因素如行业竞争对手情况、市场标准以及政策法规对企业人工成本管理的潜在影响，这些数据同样被纳入数据库的考量范围，以构建一个全面、动态的人工成本管理体系。

3. 动态人工成本数据库

动态人工成本数据库在电力施工企业的日常运营中扮演着至关重要的角色，

是企业精细化管理和科学决策的重要基石，是一个集成了多种人工成本数据并能够实时记录、更新和管理的系统。

动态人工成本数据库的"动态"特性尤为显著，其动态性主要体现在两大核心方面。一方面，该数据库具备实时更新人工成本数据的能力，确保了数据的时效性和准确性。一旦企业的薪资架构、福利政策或员工规模发生任何变动，数据库都能即刻捕捉并反映这些变化，为管理层提供最新、最精确的成本信息，以支持快速决策。另一方面，动态人工成本数据库在数据查询与分析上展现出高度的灵活性，企业可以根据实际需求，轻松定制多样化的报表和视图，从而更直观、深入地洞察人工成本的结构构成及发展趋势，为企业的成本控制、预算管理及战略规划提供强有力的数据支撑。

4.1.2　动态人工成本数据库的特点

1. 实时性与动态性

数据库的实时性与动态性是电力施工企业动态人工成本数据库的两个关键特性，它们对于确保数据的时效性和灵活性至关重要。

实时性是指数据库能够迅速响应数据变化，并即时更新和提供最新数据的能力。在实时数据库中，这种特性尤为显著。实时性主要体现在以下几个方面：

（1）数据采集的实时性：数据源能够立即将数据传输到数据库，确保数据的时效性。

（2）数据处理的实时性：数据库系统能够迅速对传输过来的数据进行处理，包括清洗、转换和加载，以确保数据的高质量和一致性。

（3）数据更新的实时性：数据库能够即时反映最新的人工成本数据变化，确保使用者查询时获取的数据是最新的。

动态性则是指数据库的结构和内容能够根据需求进行动态调整的能力。这种特性使得数据库能够更好地适应不断变化的数据和业务需求。动态性主要体现在以下几个方面：

（1）结构动态性：数据库表的结构可以根据需求进行动态调整，如添加、删除或修改字段。

（2）内容动态性：数据库中的数据可以根据业务需求进行动态更新和扩展。

（3）需求适应性：数据库能够灵活应对各种数据类型和数据模型，包括结构化数据、半结构化数据和非结构化数据等。

2. 丰富性与多样性

首先，人工成本数据的丰富性与多样性体现在数据记录的全面性。它不仅记录了同行企业的相关信息、行业政策标准以及法律法规等宏观层面的数据，还深入到了企业内部的各个项目，详细记录了项目的人工成本数据。这些数据涵盖了基本的工种分类、各工种人数、人员的基本信息（如学历、工作经验等），以及工程量的完成情况等细节，为企业管理层提供了全面的信息支持。

其次，人工成本数据库通过涵盖多个维度，如项目、部门、岗位、时间段等，实现了对数据的精细划分。这种精细划分使得管理者能够构建出一张详尽的成本地图，清晰地展示出人工成本在不同维度上的分布特征和变化趋势。例如，通过对比不同部门的数据，企业可以发现哪些部门的成本偏高，进而分析原因并采取相应措施；通过对比不同职位的数据，企业可以了解各职位的成本效益，为优化人员配置提供依据；通过对比不同时间段的数据，企业可以掌握人工成本的变化趋势，为未来的预算管理提供参考。这些决策的制定都基于翔实的数据分析，使得企业的管理更加科学、精准和高效。

3. 灵活性与可扩展性

电力施工企业动态人工成本数据库的设计充分体现了对企业实际需求与未来发展的深刻理解与前瞻布局。其灵活性体现在数据库结构的可定制性与优化性上。无论是根据企业特定的管理要求调整数据结构，还是根据业务需求增加新的分析维度或报表模板，数据库都能轻松应对。这种灵活性不仅满足了企业当前的管理需求，更为未来的管理升级预留了充足的空间。

同时，数据库的可扩展性也为企业应对未来挑战提供了有力支持，它支持多种数据接口和协议，便于与其他管理系统进行无缝集成和数据交换，实现了信息资源的共享与协同。随着企业业务的不断扩展和管理的日益复杂化，数据库能够轻松应对各种挑战，确保企业信息系统的稳定运行与持续优化。这种灵活性与可扩展性不仅降低了企业的系统维护成本，而且提升了企业的整体运营效率与竞争力。

4.2 电力施工企业动态人工成本数据库设计架构

本节主要对电力施工企业动态人工成本数据库设计架构进行描述，首先，介绍动态人工成本数据库的建设原则；其次，借助质量功能展开方法（Quality Function Deployment，QFD），对动态人工成本数据库的用户需求进行分析；再次，结合用户需求和数据库特性设计动态人工成本数据库功能模块；最后，介绍动态人工成本数据库的基本单元设计。

4.2.1 动态人工成本数据库的建设原则

1. 全面性与拓展性原则

电力施工企业动态人工成本数据库的全面性原则，是指该数据库在设计和实施过程中，需要确保涵盖与人工成本相关的所有重要因素和数据，以提供全面、准确的信息支持。这一原则的重要性在于，它能够帮助企业更全面地了解人工成本的实际情况和变化趋势，为制定科学、合理的成本控制策略提供有力依据。首先，数据覆盖应全面，动态人工成本数据库应涵盖所有与人工成本相关的数据，包括但不限于员工的基本工资等，还应包括与人工成本相关的其他数据，如工种及工种数量、人工单价等。其次，时间跨度应全面，动态人工成本数据库应能够记录人工成本在不同时间段的变化情况，包括历史数据、当前数据和未来预测数据，通过时间序列分析，可以揭示人工成本的变化趋势和周期性规律。最后，系统功能应全面，动态人工成本数据库应具备完善的功能模块，如数据采集、数据存储、数据查询、数据分析等，以满足企业不同层级和部门的需求，还应支持与企业其他信息系统的集成和数据共享，以实现信息的无缝流转和协同工作。

拓展性原则是指电力施工企业动态人工成本数据库要具有较为灵活拓展的能力，可以根据需求的变化来增加或删改数据库相应的功能应用，从而保证数据库平台可以一直适应管理者及使用者的需求。扩展性原则主要体现在以下几个方面：

（1）数据库内容拓展。

数据库内容扩展是指在数据库建设初期，就应考虑其未来可能的数据增长和变化需求，确保数据库结构能够方便地容纳新的数据类型，以及随着企业业务的发展而不断扩展的数据内容。因此在设计数据库时，应该预留足够的字段和表结构，以便在未来添加新的数据类型和字段。考虑采用可扩展的数据库设计，以便在数据量增长时保持数据库的性能。

（2）数据库应用功能拓展。

数据库建设的初步目标为供相关管理人员和设计人员使用，其功能也是围绕这些人员的需求来进行设计，但为了提高数据库的利用率，在设计初期，应该预留足够的功能接口和扩展空间，以便在未来添加新的功能或优化现有功能，同时可以采用模块化设计思想，将数据库的应用功能划分为多个独立的模块，每个模块负责特定的功能或业务流程，模块之间通过标准化的接口进行通信和数据交换，以确保系统的灵活性和可扩展性。

（3）数据库性能拓展。

在数据库的长期建设过程中，数据库的数据内容会逐渐增加，而数据库在进行数据处理和运算过程中的负载也必然会随之增加，而初期配置的性能可能无法满足后期的使用。因此，在数据库的构建过程中必须考虑后期性能拓展的可能，评估数据库系统的性能需求，并根据需求选择合适的硬件和软件配置，并为其预留拓展接口。

2. 标准化与通用化原则

标准化原则是提高数据质量、保证多方高效、顺利合作建设数据库，且在建成之后实现数据共享的必要条件，因此电力施工企业动态人工成本数据库在建设过程中须遵循相关通用标准，包括法律法规标准、信息分类标准、数据录入标准等进行设计和实施。首先，应做到数据采集标准化，采用标准化表格进行人工成本相关要素的采集，便于数据编码、数据录入等后续工作的开展。其次，数据编码标准化，数据编码即为给数据信息添加标签，从而使数据库系统更为快速地识别该数据。但标签添加这一工作需要人工执行，因此，为使不同的工作人员都能快速地进行这一工作，可以制作一个标准化的数据信息编码表，用户参考编码表即可进行这项工作。

通用化原则强调的是在数据库设计和建设过程中，采用广泛认可的技术、方法和标准，使数据库具有更好的兼容性、可扩展性和易用性。对于电力施工企业来说，这意味着所建立的动态人工成本数据库应能够适应不同项目、不同部门和不同层级的需求，同时易于更新和维护。首先，应该标准化设计。数据库设计应遵循国家或行业的相关标准，如数据库设计的基本原则和具体的技术规范。其次，模块化构建。数据库应采用模块化设计，将不同的功能模块分开，以便后续的功能升级和扩展，同时各个模块之间应具有良好的接口和通信机制，确保数据的无缝流转和共享。最后，确保数据兼容与共享。数据库应支持多种数据格式和协议的导入和导出，以便与其他系统进行数据交换和共享，还应支持远程访问和移动办公等功能，以满足电力施工企业异地办公和协作的需求。

3. 安全性与可靠性原则

在电力施工企业动态人工成本数据库的建设过程中，安全性原则应当被全面而深入地贯彻，以确保数据的保密性、完整性和可用性。这意味着，从数据库的规划、设计、实施到运维的每一个环节，都需要将安全性作为核心考量。首先，数据库的物理安全是基础，必须确保服务器和存储设备的物理环境安全，防止未经授权的访问和破坏。其次，网络安全也是不可忽视的一环，通过部署防火墙、入侵检测系统等措施，可以有效抵御外部攻击。然后，数据的加密与访问控制是保障数据安全的关键。敏感信息在存储和传输过程中应使用先进的加密技术，确保即使数据被截获也无法被轻易解密，同时严格的访问控制策略能够确保只有经过身份验证和授权的用户才能访问和修改数据。此外，身份认证与授权管理也是确保数据库安全的重要环节。根据用户角色和业务需求分配适当的权限，则能够避免权限过大导致的安全风险。

数据的可靠性是电力施工企业动态人工成本数据库系统得以良好运行与发挥效能的关键前提。为了确保电力施工企业动态人工成本数据库中的数据真实且准确，必须在数据采集、处理及存储的每一个环节都实施严格的质量控制措施。这不仅仅关乎数据的精确性，更直接影响到企业决策的科学性和效率。在数据采集阶段，首要任务是确保数据源头的稳定与可靠，通过投资升级监测硬件，采用高精度、高稳定性的设备来捕捉人工成本相关的各项数据。其次，数据进入系统后，通过系统的图表分析来反演算验证数据的可靠性，对明显不合理的突变点进行剔除。此外，考虑到数据库系统的长期运行需求，企业应安排专业人员定期对系统进行维护检查，包括软件更新、硬件保养、数据备份与恢复测试等，确保系统始终处于最佳运行状态，避免因系统故障或数据丢失而影响到数据的可靠性。

4.2.2 动态人工成本数据库用户需求分析

电力施工企业动态人工成本数据库使用者涵盖了企业人力资源部门、财务部门、管理层等多个重要主体。通过分析发现，该动态人工成本数据库用户需求主要聚焦于功能需求、使用需求、界面需求和安全需求这四大核心层面。以下将针对这些用户需求展开详细的剖析与阐释。

1. 功能需求

（1）数据录入与更新功能。

电力施工企业需要能够方便、快捷地将各种人工成本相关的数据录入数据库，以确保数据的及时性与准确性，满足企业动态管理人工成本的需求。当信息发生改变时，应及时更新或修改数据，以确保数据的实时性与有效性。数据录入方式应该多样化，既包括自动录入还包括手动录入，以满足企业不同场景下的数据录入需求。

（2）数据查询与检索功能。

用户应该能够根据不同的条件查询人工成本数据，以满足企业多维度的管理分析需求。同时，动态人工成本数据库还应支持复杂的检索条件组合，以满足精细化管理的要求。

（3）数据统计分析功能。

动态人工成本数据库应能够对人工成本数据进行各种分析和统计。计算不同的平均人工成本，分析人工成本占总成本的比例及其变化趋势等，为企业成本控制提供数据支持。同时，数据库系统需要设计自定义报表功能，满足用户个性化需求。使他们能够根据自己的具体需求，轻松生成所需格式和内容的报表。

2. 使用需求

（1）查询灵活。

动态人工成本数据库应具备高度灵活的查询功能。用户可依据多种维度进行精准检索，且查询结果呈现迅速，以清晰直观的格式展现，极大地提升数据获取效率与分析的精准性。

（2）操作便捷。

动态人工成本数据库在设计上应秉持简约理念，界面布局精巧流畅，操作流程清晰便捷。功能模块一目了然，数据录入智能高效，查询分析精准迅速，减少烦琐步骤。让用户轻松驾驭，进而提升工作效率。

3. 界面需求

（1）界面布局合理。

界面设计要符合人体工程学和用户操作习惯。不同的数据模块在界面上要有清晰明确的划分，通过合理运用标签页、导航栏、分割线等界面元素进行组织与区分。此外，界面布局还应考虑到不同屏幕分辨率和设备类型的兼容性。

（2）数据可视化。

能够以直观的图表（如柱状图、折线图、饼图等）形式展示人工成本数据，帮助用户更快速、准确地理解数据背后的信息，发现数据规律和潜在问题。同时，系统应允许用户根据自己的需求灵活定制图表。

4. 安全需求

（1）数据访问控制。

在动态人工成本数据库的设计中，应针对不同用户角色实施差异化的数据访问权限。同时，系统要能够记录用户的访问日志，包括访问时间、访问内容、操作类型，以便在出现安全问题时进行追溯。

（2）数据加密与备份。

应对存储在数据库中的敏感数据进行加密处理，防止数据泄露。即使数据库被非法获取，加密的数据也无法直接被读取。同时，应定期进行数据备份，并且备份数据要存储在安全的位置。

　　根据上文对电力施工企业用户需求的综合分析，最终将动态人工成本数据库设计的用户需求分为目标层、指标层和方案层 3 个层次。目标层为动态人工成本数据库设计的总用户需求；指标层为功能需求、使用需求、界面需求和安全需求四大类；将指标层进行细分展开，得到 9 个具体用户需求的方案层，具体如图 4-1 所示。

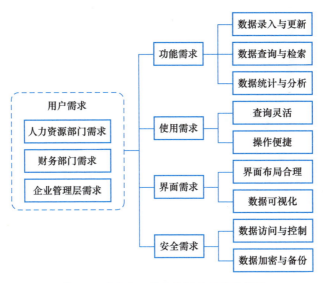

图 4-1　动态人工成本数据库用户需求图

4.2.3　动态人工成本数据库功能模块设计

　　动态人工成本数据库作为智慧工程管理系统的核心部分，其设计旨在实现对工程项目中人工成本的全面监控与管理。结合上文多方用户需求以及数据库自身的特性，将动态人工成本数据库设计为数据存储、数据查询、数据输出和数据安全四个关键功能模块。通过这一设计架构，不仅能够精确无误地收集各类人工成本数据，还可实现数据的便捷高效访问、灵活多样应用，同时全方位保障数据的安全可靠性，从而切实满足不同用户在复杂业务场景下的多样化需求。以下将对这四个关键功能模块展开深入且详尽的阐述与剖析。

1. 数据存储模块

　　数据存储模块先将采集后的数据先清洗与转换，从而保证数据的准确性。再依据数据库的架构设计，借助专业的数据存储管理系统，将已标准化的数据按照既定的存储模式，写入到相应的存储介质，存储过程严格遵循数据完整性与一致性原则。通过建立数据更新触发机制，及时更新数据库中对应的数据。制定全面的备份策略和数据恢复流程，进而减少因数据受损对企业造成的影响。为后续复杂的数据查询与深度分析作业提供坚实稳定的存储基础，有力保障整个数据生态系统的顺畅运行。具体内容详见表 4-1。

表 4-1　　　　　　　　　数据存储模块功能描述

功能		说明	示例
数据清洗与转换	数据清洗	依据既定规则，全面精准筛除噪声、重复及错误数据，对异常数据依特性修正或标记。利用聚类算法识别异常数据点，关联规则挖掘算法发现数据潜在关系，建立数据质量模型实时或定期评估数据并自动触发清洗流程	若员工年龄数据出现负数（错误数据），将其修正；利用聚类算法发现某员工工资远高于同岗位均值（异常数据点）并标记，通过关联规则挖掘发现考勤与绩效数据的潜在关联，数据质量模型每周评估数据并触发清洗
	数据格式转换与维度处理	将不同来源、格式的数据转换为统一格式与编码标准，同时进行维度转换与汇总，以适配不同层次数据分析需求	把员工入职日期统一为"YYYY-MM-DD"格式，将各部门的多种简称统一为规范全称；将按日记录的项目工时数据转换为按周汇总的工时统计数据，把详细的福利发放明细转换为按人员类别汇总的福利统计数据
数据存储架构	数据库选型与基础架构设计	根据人工成本数据特点与业务需求选择合适数据库管理系统，针对结构化强且关系复杂的数据采用关系型数据库并规范化设计，非结构化或半结构化数据采用非关系型数据库或文件存储系统并建立索引与元数据管理机制	员工基本信息、工资结构等数据存入关系型数据库 MySQL 并遵循第三范式设计，员工培训视频资料等非结构化数据存入 MongoDB 并建立基于关键词的索引和元数据描述
	扩展性与性能优化	采用分布式数据库架构、数据分区、索引优化等技术手段提升数据库处理能力、存储容量与查询管理效率	随着业务拓展，将数据库按业务模块垂直拆分到不同服务器节点；对员工编号、部门编号等字段建立 B 树索引；将人工成本数据按年度分区存储，以便快速查询某年度数据
数据更新与备份	数据更新	建立触发机制，新数据采集或变动时自动更新数据库相应数据，采用事务处理机制确保数据更新的原子性、一致性、隔离性和持久性	员工职位晋升后，系统自动更新职位信息表、薪酬调整表等相关数据，在批量更新员工绩效数据时，若部分更新失败则全部回溯至初始状态
	数据备份	制定全量备份与增量备份结合策略，确定异地存储位置与存储周期，安排定期备份任务并记录备份信息	每周进行一次增量备份，每月进行一次全量备份，备份数据存储在异地数据中心，备份记录包括备份时间、数据量、备份状态等信息

续表

功能		说明	示例
数据更新 与备份	数据恢复	建立数据恢复流程，包括确定恢复范围、选择备份版本、执行恢复操作及验证恢复数据完整性与准确性，定期测试备份恢复功能	数据库故障后，确定恢复近一周的数据，选择合适的增量备份版本与全量备份基础版本，恢复后检查数据是否完整准确，每季度模拟一次数据丢失场景进行恢复测试

2. 数据查询模块

数据查询功能作为数据库交互的核心环节，其设计的合理性与完善性直接影响着数据的获取效率和利用价值。以下将深入探讨数据查询功能设计、界面设计和性能设计等方面的关键要点与创新举措，旨在构建一个功能强大、用户友好且性能卓越的动态人工成本数据库查询系统，为电力施工企业的运营管理提供坚实的数据支撑与决策助力，其具体内容详见表 4-2。

表 4-2 数据查询模块功能描述

功能		说明	示例
数据查询 功能设计	多维度查询条件设置	设置员工（姓名、工号等）、时间（年、月等）、项目（名称、编号等）维度查询	管理层按年查年度人工成本趋势
	模糊查询与精确查询结合	员工姓名等文本字段模糊查询，工号等精确查询	输入"张"查姓张员工成本数据；财务核对金额精确查询
	查询结果展示与排序	展示员工基本信息、时间范围、成本明细及总计，提供多种排序方式	查部门月度成本，展示员工各项明细及总和，可按成本总额排序
界面设计	简洁直观的布局	划分数据查询区、展示区等，各区域有区分，避免信息堆砌	导航栏在顶部，查询区在左或上，展示区在中，按钮区在附近或底部
	便捷的数据操作按钮	常用按钮置于显眼处，有图标文字标注，有操作提示与反馈	"删除"等按钮大且清晰，点击后有成功或失败提示
	查询结果展示区域	表格呈现结果，有表头、边框，自动分页，数据有格式规范	表头列对应数据字段，文字加粗，长文本有换行或截断及悬停提示
性能设计	快速响应查询	优化查询语句与索引，控制查询响应时间	复杂查询与大数据量时响应不超 3～5s
	数据缓存机制	缓存查询结果，设过期时间，更新数据时处理缓存	缓存频繁查询汇总数据，数据更新时更新或失效缓存

3. 数据输出模块

数据输出模块是数据处理和分析过程中至关重要的一环，它不仅能够根据用户设定的查询条件智能生成精准的查询语句，还能高效地从数据库中筛选出符合条件的数据。此外，该模块还提供了强大的定制输出功能，允许用户自主选择所需的数据库字段进行输出，避免了不必要的数据冗余传输。这种灵活性使得用户能够根据自己的需求获取精确的数据，并以最合适的形式呈现出来，无论是用于即时的数据查看分析，还是后续的数据整合处理，都能显著提升工作效率与数据利用价值。

（1）数据筛选与输出。

数据输出模块会依据用户设定的查询条件，智能地生成与之对应的精准查询语句，深入数据库进行高效筛选，精准提取符合条件的数据，随后无缝衔接进行输出格式转换与输出操作，确保整个流程顺畅高效。为进一步提升数据处理效率并满足用户对数据内容的个性化偏好，数据输出模块支持用户自主指定所需输出的数据库字段，避免了不必要的数据冗余传输。用户可在设计精良的查询或输出设置界面中，通过简单的勾选、下拉选择或手动输入字段名等直观操作方式，轻松确定所需字段。数据输出模块在接收到用户的字段选择指令后，会在数据提取环节进行精准的数据筛选，仅获取用户指定的字段数据，并严格按照用户预先设定的输出格式要求进行规范输出。

生成的数据结果可以导出为常见的文件格式，如 Excel、PDF 等。这方便用户对数据进行进一步的处理和分析，如在 Excel 中进行数据透视表操作、绘制自定义图表等，或者将数据保存为 PDF 文件用于汇报和存档。例如，财务部门在完成月度人工成本查询后，将结果导出为 Excel 文件，以便与其他财务数据进行整合分析，并生成财务报表。同时，提供打印数据结果的功能，用户可以直接打印出查询结果页面，用于纸质文档的存档或内部传阅。打印格式应简洁美观，确保数据完整、清晰地呈现在打印纸上，包括页面标题、表头、数据内容、页码等信息。

（2）统计分析功能。

输出模块可以进行基本统计指标计算，如总和、平均值、中位数、众数等。对于人工成本数据，计算各分类下的人工成本总和，可直观了解整体成本规模；平均值能反映平均人工成本水平，例如，计算每个项目的平均人工成本，与行业标准或企业历史数据对比，判断项目人工成本合理性。中位数在数据存在异常值时能更稳健反映数据集中趋势。众数可显示出现频率最高的人工成本数值或范围，帮助企业发现普遍成本水平或成本模式。还可计算方差和标准差等统计量，用于衡量人工成本数据离散程度。例如，分析不同部门人工成本方差，若某部门方差较大，说明该部门员工人工成本差异较大，可能存在薪酬体系不合理或人员配置不均衡问题，需进一步深入调查与调整。

4. 数据安全模块

数据安全在动态人工成本数据库中具有不可忽视的重要性。电力施工企业的动态人工成本数据库涵盖个人身份资料、企业机密等敏感信息。对于员工而言，出现数据泄露问题将会影响员工个人经济与生活稳定；对企业而言，动态人工成本数据库是制定战略、管控成本与保持竞争力的关键依据，数据若遭侵犯，竞争对手可利用其扰乱市场，企业还可能面临法律风险与声誉受损，影响项目承接与企业长远发展。下面将具体介绍一些措施以保护数据隐私和安全。具体内容详见表 4-3。

表 4-3　　　　　　　　　　　　数据安全模块功能描述

分类	措施	说明
数据隐私保护	基于角色的访问控制（RBAC）	根据企业内部不同部门和岗位职责定义角色，如普通员工、部门经理等，为各角色分配相应数据访问权限，限制用户对数据的访问范围
	访问权限审批流程	特殊权限申请需提交详细说明，由上级领导或数据安全管理团队审批，临时权限使用受严格监控与记录
	操作日志记录与审计	记录用户数据库操作的登录时间、操作时间、类型、对象、结果等信息，定期审计分析，存储于安全位置并保存一定期限
数据安全防护	网络安全防护	在数据库服务器网络边界部署防火墙，配置严格访问规则，安装入侵检测与防御系统，对远程访问采用 VPN 技术加密传输数据
	数据存储安全	对数据库数据加密存储，采用密钥管理系统管理加密密钥，对备份数据加密，建立数据恢复机制，妥善管理数据备份存储介质并限制物理访问

4.2.4　动态人工成本数据库的基本单元设计

动态人工成本数据库数据由企业数据、项目数据等内部信息和电力施工行业相关的外部信息构成。基于此，在对动态人工成本数据库基本单元设计中，将内部信息划分为两个层面，一个层面聚焦企业维度，建立企业数据单元，该单元旨在全面整合与呈现企业整体范畴内与人工成本紧密相关的各类信息要素，为企业层面的战略决策、成本把控以及资源调配等活动提供坚实的数据根基。另一个层面着眼于项目维度，进一步细分为项目整体数据单元、单位工程数据单元、分部工程数据单元。与此同时，将来源于企业外部环境且与项目人工成本存在关联的信息统一归纳至项目数据单元之中，以此确保数据库能够全面、系统且精准地涵盖所有与动态人工成本相关的信息资源。为后续的数据处理、分析以及决策支持等一系列工作奠定坚实而稳固的基础。

1. 企业数据单元

电力施工企业动态人工成本数据库企业人员数据主要由员工基本信息、工作信息和成本信息三部分构成，具体内容详见表 4-4。企业数据主要由企业基本信息、人力资源信息、财务信息等组成，具体内容详见表 4-5。

表 4-4 　　　　　　　　　动态人工成本数据库企业人员数据

组成	内容	说明	举例
员工基本信息	姓名、性别、年龄、身份证号码、联系方式等	用于员工身份的识别、统计员工数量、员工年龄分布等	张三，男，42 岁
	学历和专业背景	在电力施工企业中，不同学历和专业的员工，其岗位分配和薪酬水平可能不同	学历：专科、本科、硕士等。专业：电气工程、土木工程等
工作信息	岗位信息	岗位信息有助于计算不同岗位的人工成本水平	岗位名称：电工、电气工程师、施工队长、项目经理等。职级：技术员、工程师、高级工程师等
	考勤信息	记录员工的考勤信息以及统计工时信息有助于评估员工绩效、精确计算人工成本	6 月出勤 18d，事假 2d，迟到早退 0 次
	工时信息		6 月工时累计 158h，平均 7.9h/ 日
	培训信息	记录员工培训信息有助于计算培训带来的直接成本和间接成本	培训类型：安规培训、保命教育培训、技能培训等。培训时间：定期培训、不定期培训。培训方式：内部培训、外部培训、线上培训等
成本信息	人工费	计算人工成本	基本工资、工资性补贴、辅助工资、职工福利费、生产人员劳动保护费
	规费		社会保险费（养老保险费、失业保险费、医疗保险费、生育保险费、工伤保险费）和住房公积金

2. 项目整体数据单元

电力施工企业动态人工成本数据库项目数据单元主要由项目基本信息、项目人员信息和项目成本信息三部分构成，具体内容详见表 4-6。

表 4-5　　　　　　　　　　　动态人工成本数据库企业数据

组成	内容	说明
企业基本信息	企业概况	包括企业名称、成立时间、注册资本、注册地址、法定代表人、经营范围、企业性质、资质等级等
	组织架构	企业的部门设置、各部门职责、人员层级结构等，可明确人工成本在不同部门和层级的分布与流动情况，了解企业的管理模式和运作流程，为分析人工成本的合理性和效益提供基础
	企业文化	企业的文化理念、价值观、工作氛围等，这些因素会影响员工的工作积极性和忠诚度，进而影响人工成本的效益和稳定性
人力资源信息	人员数量与构成	包括企业总人数、各类专业技术人员数量、管理人员数量、不同学历层次人员数量、不同年龄段人员数量等，以了解企业的人力规模和结构，分析不同类型人员对人工成本的贡献和影响
	人员变动情况	员工的入职时间、离职时间、离职原因、岗位调动情况等，有助于分析人员流动对人工成本的动态影响，以及企业人力资源的稳定性
	薪酬信息	包括基本工资、绩效工资、奖金、五险一金、节日福利等，是人工成本的核心组成部分，直接影响着企业的人工成本支出
财务信息	人工成本总额与明细	企业在一定时期内的人工成本总额、工资总额、福利费用总额、社会保险费用总额、培训费用总额等明细项目，准确掌握人工成本的总体规模和具体构成，为成本分析和控制提供数据支持
	财务报表数据	资产负债表、利润表、现金流量表等财务报表中的相关数据，如营业收入、总成本、净利润等，通过与人工成本数据的结合分析，可以全面评估企业的经营状况和人工成本的合理性
项目信息	项目清单	企业所承接的电力施工项目名称、项目地点、项目规模、项目类型、项目工期等，明确人工成本的具体投向和消耗载体
	项目进度与成本预算	各项目的实际进度、已完成工作量、预计剩余工作量、项目预算中的人工成本分配、实际发生的人工成本等，以便实时监控人工成本在项目中的使用情况，及时发现成本偏差并进行调整
	项目效益	项目的收入、利润、投资回报率等效益指标，可用于评估人工成本投入与项目产出之间的关系，分析人工成本的效益水平，为后续项目的人工成本预算和控制提供参考
市场与业务信息	市场份额与竞争地位	企业在电力施工市场中的占有率、主要竞争对手、与竞争对手相比的优势和劣势等，了解企业的市场竞争力对人工成本的影响
	业务拓展与发展战略	企业的业务拓展计划、新市场开拓情况、未来发展战略等，这些信息可以帮助预测未来人工成本的变化趋势，为企业的人力资源规划和人工成本预算提供前瞻性的指导

表 4-6　　　　　　　　　　动态人工成本数据库项目数据单元

组成	内容	说明
项目基本信息	项目名称和编号	项目名称和编号是每个电力施工项目的标识，用于区分不同的项目。利用编号便于在数据库中进行数据检索和管理
	项目类型	包括变电站新建工程、变电站扩建工程、架空线路工程和电缆线路工程。不同类型的项目在人工成本构成和管理方式上存在差异
	项目性质	分为新建项目、扩建项目、改建项目等
	项目地点	项目地点不同，施工难易程度不同，人工成本差异不同
	项目计划时间	记录项目计划时间数据用于项目人工成本预算
	项目实际时间	记录项目实际的开始和结束时间，与计划时间对比可以分析项目进度的偏差情况。分析对人工成本产生的影响
项目人员信息	项目人员构成	统计参与项目的不同工种的人数，了解工种分布有助于合理安排施工任务和评估不同工种的人工成本
	项目人员流动信息	记录在项目期间不同阶段调入和调出的人员数量和时间，这对于分析总体人工消耗量人工成本的变化趋势很重要
	考勤信息	记录项目总体考勤信息以及工时信息有助于精确计算人工成本、评估项目进度等
	工时信息	
项目成本信息	企业人工单价	记录不同企业不同工种人工单价，用于计算项目人工成本
	项目人工成本预算	记录各个阶段（如项目前期调研、设计、施工、调试等）预计的人工成本，为项目实施过程中成本的控制提供目标和依据
	项目人工成本核算	记录实际支出情况，通过与预算明细对比可以分析项目人工成本的控制情况

注：单位工程和分部工程数据单元与项目整体数据单元组成基本一致，只是具体内容存在差异，在此不一一赘述。

3. 相关数据单元

电力施工企业动态人工成本数据库相关数据单元由同行信息、法律法规和行业标准组成，其中，同行信息主要以市场调研、公开信息收集等方式获取，内容包括了同行人工成本水平、同行人力资源配置、同行项目管理情况、同行市场竞争策略等，具体详见表4-7。法律法规来源于政府颁发的最新政策，内容主要与人工成本和数据库相关的法律法规，具体详见表4-8。

行业标准主要依据《电力建设工程定额和费用计算规定（2018年版）》和与其配套的使用指南，分别为《火力发电工程建设预算编制与计算规定使用指南（2018年版）》《电网工程建设预算编制与计算规定使用指南（2018年版）》《电力建设工程概预算定额（2018年版）使用指南　第一册：建筑工程》《电力建设

表 4-7　　　　　　　　　　动态人工成本数据库同行信息组成

组成	内容	说明
同行人工成本水平	工资待遇	记录同行企业中不同岗位的工资待遇，帮助企业评估自身的薪酬竞争力
	福利水平	记录同行企业的福利水平，这可能会影响企业在人才招聘和保留方面的优势
同行人力资源配置	人员结构	记录同行企业的员工学历结构、职称结构、年龄结构等信息，帮助企业分析是否需要调整人员结构
	岗位设置与人员比例	记录同行岗位设置与人员比例，分析企业是否存在管理效率的差异
同行项目管理情况	项目工期管理	记录同行在类似电力施工项目中的平均工期，帮助企业发现自身在项目进度管理方面可能存在的问题
	项目成本控制	记录同行在项目中的人工成本占比、成本超支或节约情况等，分析企业在同等规模项目中成本结构是否需要优化
同行市场竞争策略	投标报价策略	用于分析同行在参与电力工程投标时的报价策略，特别是人工成本部分的报价
	市场定位	了解同行市场定位以及他们在市场中的差异化竞争手段，吸收借鉴优秀策略

表 4-8　　　　　　　　　　动态人工成本数据库法律法规组成

组成	举例	说明
人工成本相关法律法规	《中华人民共和国劳动法》	明确规定了劳动者的工资、工时、休息休假、劳动保护等基本权益，为电力施工企业确定员工工资待遇、工作时间和劳动条件等提供了基础依据
	《中华人民共和国劳动合同法》	规范了企业与劳动者之间的劳动合同订立、履行、变更、解除和终止等行为，对企业的用工成本产生影响
	《社会保险经办条例》	规定企业必须为员工缴纳基本养老保险、基本医疗保险、失业保险、工伤保险和生育保险等社会保险费用，这些费用是企业人工成本的重要组成部分
	《中华人民共和国个人所得税法》	规定了个人所得税的应税所得范围、税率等，企业作为代扣代缴义务人，需按照法律规定从员工工资中代扣代缴个人所得税
数据库相关法律法规	《中华人民共和国数据安全法》	该法明确了数据安全工作的基本原则和重要制度，对数据库的安全管理提出了要求，电力施工企业等各类组织在建立和管理数据库时，需按照相关规定确保数据的安全性

续表

组成	举例	说明
数据库相关法律法规	《中华人民共和国网络安全法》	规定了网络运营者对其收集、存储的公民个人信息等数据的安全保护义务，保护个人信息的安全。企业在构建和运营数据库时，需遵守该法的相关规定，防止数据泄露、篡改等安全问题
	《中华人民共和国个人信息保护法》	规定了对个人信息的处理规则、跨境提供个人信息的规则、个人信息处理者的义务等作出了明确规定。企业作为数据处理者在取得个人同意的基础上，按照规定的目的、方式和范围处理个人信息，并采取相应的安全保护措施，确保个人信息的安全
	《互联网信息服务算法推荐管理规定》	规范了互联网信息服务中的算法推荐活动，其中涉及对基于数据库的算法推荐模型的管理和监督等，要求算法推荐服务提供者不得利用算法推荐服务实施垄断和不正当竞争行为等，保障用户的合法权益和市场的公平竞争
	《网络交易监督管理办法》	规定了网络交易经营者对其收集、使用的用户个人信息等数据的保护义务，以及对网络交易平台经营者建立健全平台规则、数据安全保障等方面的要求，这些规定对网络交易相关数据库的管理和运营产生影响

工程概预算定额（2018年版）使用指南　第二册：热力设备安装工程》《电力建设工程概预算定额（2018年版）使用指南　第三册：电气设备安装工程》《电力建设工程预算定额（2018年版）使用指南　第四册：调试工程》《电力建设工程预算定额（2018年版）使用指南　第五册：输电线路工程》《电力建设工程预算定额（2018年版）使用指南　第六册：通信工程》。

4.3　电力施工企业动态人工成本数据库的应用

电力施工企业动态人工成本数据库在应用层面具有多维度关键价值，它不仅助力零负担标准化构建高质量数据资产，还在数据查询方面尽显优势，涵盖企业内部各部门协同作业与企业间合作场景，同时于成本预算与控制工作中表现卓越，通过精准预算制定与实时成本监控，为企业成本管理全流程提供有力支撑与保障。

4.3.1　零负担标准化建设企业数据资产

在当今数字化飞速发展的时代，数据资产的建设成为了企业提升竞争力的关键环节之一。对于电力施工企业而言，动态人工成本数据库能够助力电力施工企业零负担标准化建设数据资产。零负担意味着在建设数据资产的过程中，要避免给企业带来不必要的负担，无论是在资金投入、时间消耗还是人力安排上，都需要精心设计数据采集、整理和存储的流程，确保每个环节都高效且简洁。标准化则是核心原则，它包括数据格式的标准化、数据内容的标准化以及数据更新机制的标准化。

1. 助力数据格式的标准化

在数据格式方面，动态人工成本数据库可以使企业统一规定电力施工人工成本相关数据的记录格式，如日期格式、成本分类编码等，使得不同来源的数据能够顺利整合。无论是来自施工现场的工时记录系统、财务部门的薪酬核算系统，还是劳务外包公司提供的费用明细数据，不同来源的数据都能够基于这些统一的格式规范顺利整合。例如，在某大型电力基建项目中，涉及多个施工队伍和分包商，其各自的数据格式原本参差不齐，但借助动态人工成本数据库设定的标准格式，成功将海量且杂乱的数据快速整合为可供分析的有效数据集，为项目成本的精准核算与管控提供了坚实基础，这充分彰显了动态人工成本数据库在数据格式统一化进程中的实质性运用价值及其对电力企业数据管理的强大助力。

2. 明晰数据内容的标准化

在内容标准化方面，动态人工成本数据库能够对各类人工成本数据进行明确的定义，区分直接人工成本（如施工人员工资、奖金等）和间接人工成本（如管理人员分摊成本、培训费用等），避免数据的混淆和歧义。例如，在一项复杂的跨区域电力改造项目中，涉及众多部门与人员的成本数据流转。通过动态人工成本数据库对内容的标准化设定，财务部门能够精准地按照既定标准对每一笔人工成本进行归类与核算。在进行项目成本分析时，基于标准化的数据内容，企业能够清晰地对比不同项目、不同阶段的直接与间接人工成本比例，从而发现成本控制的关键点与潜在优化空间。如发现某地区项目间接人工成本过高，可深入分析是管理流程冗余还是培训安排不合理，进而针对性地制定改进措施。

3. 精准维护数据更新机制的标准化

在数据更新机制的标准化方面，动态人工成本数据库则能够确保数据的及时性和准确性，规定成本数据的更新周期，以及在遇到特殊情况（如政策调整导致人工成本变化、大规模施工项目启动等）时的应急更新流程。它明确规定成本数据的更新周期，全面梳理和录入各类人工成本的变动信息。同时，在遇到特殊情况（如政策调整导致人工成本变化、大规模施工项目启动等）时的应急更新流程也更加清晰。比如，当一些外在的因素使得企业社保缴费基数大幅变动时，相关部门可迅速启动应急更新流程，在短时间内将新的成本数据录入系统，并及时通知财务、预算等相关部门，确保各环节依据最新数据进行核算与决策。在相对大型的建设项目突然启动时，人力资源部门能及时将新增施工人员的预计成本数据按照应急流程录入数据库，使得项目成本预估更为精准，为项目招标、预算分配等工作提供可靠依据。这也充分印证了动态人工成本数据库在数据更新机制标准化方面的重要运用价值。

电力施工企业通过动态人工成本数据库实现这样的零负担标准化，能够将人工成本数据转化为高质量的数据资产。这些数据资产不仅可以为企业内部的决策提供有力支持，还能在面对外部审计、行业评估等情况时展现企业的规范管理水平，提升企业的市场形象和公信力。

4.3.2　企业数据全面专业快速查询

电力施工企业动态人工成本数据库的一个重要优势就是能够实现企业数据的全面、专业、快速查询。随着企业规模的扩大和业务的日益复杂，数据量呈爆炸式增长，如何在海量数据中迅速获取所需的人工成本信息成为企业运营管理的关键需求。

1. 数据云端存储的优势

（1）突破存储设备容量的限制。

电力施工项目往往涉及大量数据，从施工人员的详细信息、不同施工阶段的成本记录，到各类项目相关的额外人工支出等，这些数据随着时间不断积累，其规模很容易超出传统存储设备的承载能力。而云端存储就像一个拥有无限容量的宝库，能够妥善保存不断增长的数据，避免因存储不足而丢失一些有价值的信息。

（2）实现高可靠性和数据备份恢复。

电力施工企业面临各种潜在风险，如自然灾害可能会破坏本地存储设备，硬件故障也可能导致数据丢失或损坏。而云端存储通过分布式的数据存储方式和多重备份机制，能够有效抵御这些风险。在极端情况下，即使部分数据出现问题，也能迅速从备份中恢复，继而保证了数据的完整性和可用性。

（3）方便了企业人员的数据访问。

在大型电力施工企业中，项目可能分布在不同地区，施工团队、财务部门、人力资源部门等可能分布在各个办公地点。通过云端存储，只要有网络连接，授权用户可以使用各种终端设备（如电脑、平板、手机等）登录系统进行查询。

这意味着在施工现场的管理人员可以及时查询人工成本数据来调整施工计划，而总部的财务人员也能实时获取数据进行成本核算，实现了真正意义上的随时随地获取信息，提高了工作效率和决策的及时性。

2．企业内实时共享的意义

（1）施工部施工成本精把控。

对于施工部门而言，实时查询当前项目的人工成本预算执行情况是确保项目顺利推进的重要保障。施工过程中，他们可以根据实时数据，精准地掌握每一个施工环节的人工成本支出。例如，在进行变电站建设的基础施工阶段，如果发现人工成本接近预算上限，施工管理人员可以及时分析原因，可能是施工工艺出现问题导致效率降低，或者是人员安排不合理。据此，他们能够迅速调整施工进度和人员安排，如增加或减少特定施工任务的人员数量，或者改进施工方法以提高效率，从而有效避免成本超支，保证项目在预算范围内高质量完成。

（2）财务部财务数据严监察。

财务部门在企业的成本管理中扮演着核心角色，通过共享的人工成本数据对成本进行实时核算和监控是其重要职责。他们可以实时获取每一笔人工成本的支出信息，包括工资发放、奖金分配、加班补贴等。当发现成本出现异常变动时，财务人员能够迅速展开分析。例如，如果某个项目的人工成本突然大幅增加，财务人员可以与施工部门沟通，确定是临时性的费用增加（如紧急加班）还是存在潜在的成本失控问题（如预算不合理或费用核算错误）。这种实时监控和分析能力有助于及时发现并解决成本问题，确保企业财务状况的稳定。

（3）人力部人力规划巧调配。

人力资源部门则依据实时的人工成本数据来调整招聘计划、培训方案等，以实现企业人力资源的合理配置和成本控制。如果人工成本数据显示某类施工技能的人工成本持续上升，人力资源部门可以考虑加大对该技能人员的招聘力度，或者安排内部培训以提升员工技能水平，从而降低对外部高成本劳动力的依赖。同时，根据不同项目的人工成本数据，他们可以合理安排人员在各个项目之间的调配，避免人员闲置或过度使用，提高人力资源的利用效率。这种实时共享打破了部门之间的信息壁垒，使得各个部门围绕人工成本数据形成一个紧密协作的整体，提高了企业整体的运营效率。

3．企业间高效协同与数据查询

在现代电力施工行业中，企业间的协同合作已成为一种常态，尤其在大型跨区域电力建设项目中，多个施工企业常常需要共同参与。这种合作模式对数据的共享和查询提出了更高的要求，而动态人工成本数据库在此过程中发挥了关键作用。

（1）数据共享促协作。

动态人工成本数据库通过统一的数据接口和严格的权限管理，支持企业间的高效协同。在大型电力建设项目中，各参与企业可能负责不同的施工部分，但这些部分在人工成本上存在相互关联。例如，在一条跨区域的高压输电线路建设项目中，不同企业可能分别负责不同路段的施工，但整个项目的人工成本需要统筹考虑。通过共享部分与项目相关的人工成本数据，各企业可以更好地协调各方的成本投入。在这种协同环境下，避免重复计算和资源浪费是至关重要的。各企业可以清晰地了解到其他企业在类似施工任务中的人工成本情况，从而合理安排自己的成本预算。比如，如果某企业发现其他企业在相同地质条件下的杆塔组立施工中人工成本较低，就可以分析其原因，可能是采用了更高效的施工方法或人员组织方式，进而借鉴经验，调整自己的施工策略，避免不必要的资源浪费。

（2）高效查询助规划。

同时，在企业间协同的背景下，数据的高效查询功能变得愈发重要。每个企业都可以快速获取自己所需的项目人工成本信息，进行对比分析和决策。例如，在联合投标一个大型电力改造项目时，各企业可以查询以往类似项目的人工成本数据，评估自身在该项目中的成本竞争力，制定合理的投标报价策略。而且，在项目实施过程中，企业间可以通过查询共享数据，及时调整施工计划和成本预算，确保整个项目的顺利进行和成本控制。

4. 快速对比分析与提升数据应用效率

快速对比分析是数据查询功能的重要价值体现，它为企业提供了从数据中挖掘有价值信息的有力手段，进而提升数据应用效率，推动企业管理和决策水平的提高。

企业可以通过数据库快速对比不同项目、不同时间段、不同施工团队的人工成本数据。例如，在对比两个类似规模的电力施工项目的人工成本时，需要深入分析其中的差异原因。如果一个项目的人工成本明显高于另一个，可能是多种因素导致。施工工艺的不同可能是一个重要因素，比如一个项目采用了传统的人工开挖基础方式，而另一个项目采用了更先进的机械开挖辅助人工的方式，这会导致人工工时的巨大差异。地区人工价格差异也会对成本产生影响，不同地区的劳动力市场供需关系不同，工资水平可能相差较大，即使施工内容相同，人工成本也会有所不同。此外，还有可能是项目管理水平的差异，如人员组织效率、施工计划的合理性等。通过这种深入的对比分析，企业能够总结经验教训，优化后续项目的成本预算和控制方案。如果发现某种施工工艺能够有效降低人工成本，企业可以在后续项目中推广应用；如果发现地区人工价格对成本影响较大，可以在项目投标和成本预算中更加注重地区因素的考量。这样，企业将数据库中的数据真正转化为企业管理和决策的有力工具，通过不断优化成本管理，提高企业在市场中的竞争力。

4.3.3　成本预算与监控

1．精准预算制定

电力施工企业动态人工成本数据库在成本预算制定方面发挥着至关重要的作用。精准的预算制定是企业确保项目盈利和资源合理配置的前提。

在制定人工成本预算时，数据库可以提供大量的历史数据作为参考。这些历史数据涵盖了以往不同类型电力施工项目（如变电站建设、输电线路架设等）的人工成本信息，包括各个施工环节（基础施工、杆塔组立、架线施工等）的人工费用。通过对这些历史数据的分析，可以识别出不同项目类型和施工环节的人工成本规律，例如，某种电压等级的输电线路架设中，每千米的平均人工工时和相应的工资成本。同时，数据库还可以结合当前市场环境因素，如地区人工工资水平的变化趋势、劳动法规对人工成本的影响（如社保缴纳比例调整等）以及行业内新技术应用对施工人员技能要求的变化（可能导致人工成本的上升或下降）。利用这些因素和历史数据，企业可以运用专业的预算模型，如基于工作量的预算模型（根据预计的施工工作量和单位工作量人工成本计算）或基于活动的预算模型（考虑每个施工活动的成本驱动因素），制定出更加精准的人工成本预算。此外，对于大型复杂的电力施工项目，数据库可以支持分阶段、分模块的预算制定。例如，对于一个包含多个变电站和输电线路的电力综合改造项目，可以分别制定每个变电站建设和每条输电线路架设的人工成本预算，然后汇总形成整个项目的预算，这样可以提高预算的准确性和可操作性。

2．实时成本监控

在项目实施过程中，实时成本监控是保证人工成本不超出预算的关键。电力施工企业动态人工成本数据库通过实时收集和更新项目的人工成本数据，为企业提供了有效的监控手段。

施工现场的管理人员可以通过移动终端设备将每天的施工人员出勤情况、工作时长等数据及时录入数据库。同时，工资发放、奖金分配、加班补贴等成本数据也能实时更新。数据库系统可以自动将这些实际发生的人工成本与预算进行对比，当发现成本偏差超过一定阈值时（如超出预算 5%），系统会及时发出预警信息。这种实时成本监控不仅可以发现成本超支的情况，还能分析成本偏差的原因。例如，如果某一施工阶段人工成本过高，可能是施工难度超出预期导致施工人员工作效率降低，或者是临时增加了施工人员数量。通过对这些原因的深入分析，企业可以及时采取相应的措施，如调整施工方案、优化人员配置等，以确保人工成本回到预算范围内。而且，实时成本监控数据可以为后续项目的成本预算和控制提供反馈，不断完善企业的成本管理体系。

4.4 电力施工企业动态人工成本数据库的管理流程

在电力施工企业中，合适的动态人工成本数据库管理流程，可以优化企业资源配置和成本控制。这些流程主要包括数据库管理系统的搭建、人工成本数据分类管理流程的建立、权限管理与数据安全的强化以及人工成本数据库的更新与维护四个环节。本章将深入探讨这些管理流程的具体实施步骤和关键要点，以期为电力施工企业提供一个全面、系统的人工成本数据库管理框架。

4.4.1 搭建数据库管理系统

搭建一个高效、可靠的动态人工成本数据库管理系统（DBMS）是确保数据管理流程顺畅和数据安全的关键。DBMS 作为人工成本数据库的核心软件，位于用户与操作系统之间，其主要目标是为用户提供一个便捷、快速、有效的环境，以建立、维护、检索和处理数据库中的数据。该系统的主要功能包括以下四个方面：

1. 数据自定义

通过使用数据定义语言（DDL），企业可以精确地定义数据库的结构，包括创建和删除模式、索引、视图等。这一功能不仅有助于保证数据库的完整性，还能够支持复杂的数据结构和业务需求。

2. 数据存储持久化

数据库管理系统需要提供持久的存储数据的能力，从而支持对大规模数据量的长期存储，确保数据独立于应用程序，并防止数据遭受意外和非授权访问。在电力施工企业中，这意味着人工成本数据可以在查询和更新时得到有效存取，同时保持数据的完整性和安全性。

3. 数据可操纵

用户通过查询语言或数据操纵语言（DML）执行对数据库的基本操作，如查询、插入、删除和修改数据。这些操作是日常数据处理的基础，对于动态管理和分析人工成本至关重要。

4. 事务并发控制

该功能需要支持对数据的并发存取，确保多个事务能够正确执行，避免数据错误。这对于电力施工企业尤为重要，因为它需要处理大量的并发请求，同时保持数据的一致性和完整性。

4.4.2　建立人工成本数据分类管理流程

人工成本数据不仅仅只是包含了员工的个人信息，还涉及财务和业务运营方面的敏感信息，如果不妥善处理这些信息就可能会引发法律责任和经济损失，甚至还会使企业的形象受损。因此，需要建立一个科学、系统的人工成本数据分类管理流程，以确保处理数据的安全性和合法性。整个流程包括以下四个方面：

1. 调研分析

在进行人工成本数据分类时的前置任务是调研分析，以便对行业的相关监管政策和标准规范全面了解，从而确保数据管理策略与行业的最新趋势保持一致。对行业政策的深入研究，还可以识别出影响人工成本数据管理的因素，包括有关数据保护的法规制度、隐私政策和行业标准等。此外，调研分析还涉及对企业现有的业务系统、数据资产和数据安全系统进行深入分析，能够使企业发现目前管理流程的不足，以及评估数据资产的价值、敏感性，从而为后续的数据分类工作提供基础。

2. 数据资产梳理

数据资产梳理是调研分析工作的延续和深化，它建立在调研成果的基础之上，可以帮助企业更加明确企业所拥有的数据资产的实际情况。通过调研分析所获取的相关标准以及利用自动化工具，对识别出的数据资产进行详细的梳理和达标。在这一过程中能够对数据资产的类型、来源、用途、敏感性和价值性进行评估，并据此构建数据资产目录和清单，详细记录数据的属性、存储位置、访问权限和使用情况，实现对每一项数据资产的特性进行标记，为后续的数据分类提供信息支持。

3. 数据策略规则制定

首先，在调研分析这一工作中确定了数据的敏感性，以及通过对人工成本数据所包含的个人、财务等信息，评估数据泄露将会造成的风险，并以此将数据分为公开数据、内部数据、敏感数据和机密数据等不同的类别。其次，还要根据业务的需求明确数据的重要程度，制定数据访问制度和使用策略。此外，还要对数据处理过程中内外部的威胁进行风险评估，并根据评估结果制定相应的预防措施和应急响应策略。最后，还要对员工进行培训和沟通，以确保员工能够理解并正确执行相关操作。根据以上内容，可以形成一套包括数据访问控制、数据传输加密、数据存储安全、数据处理和分析的限制等策略规则，从而确保数据的使用符合业务需求和法规要求。

4. 数据分类方法论

根据前面的内容，定义了数据分类的标准和方法，这些标准和方法考虑了数据的敏感性、合规性和业务需求，确保了分类的准确性和一致性。此外，还依据数据的特性，如个人信息的私密性、财务数据的敏感性以及业务运营的关键性，制定了相应的分类标准。

接下来，就需要设计数据分类的流程，该流程需要涵盖数据的识别、分类标签的分配和分类规则的制定。首先，在数据识别方面，在此过程依赖于在数据资产梳理阶段获得的信息，可以通过关键字、元数据、数据模式等方式进行识别数据，以确保数据分类的全面性和准确性。其次，在分配分类标签和制定分类规则方面，则需要根据企业的业务需求、法律法规要求以及数据的敏感性，制定分类标准。还需要设计分类标签系统，包括公开数据、内部数据、敏感数据和机密数据等不同级别的标签。然后，还需要基于数据的类型、内容、来源或用途，制定明确的规则来指导如何将分类标签分配给识别出的数据。从而保证每一项数据都能被正确地归类，便于后续的数据管理和分析。

最后，还要定期对数据分类方法进行审查和优化，以对整个数据分类管理流程的持续改进，确保满足不断变化的业务需求和技术环境。

4.4.3 强化权限管理与数据安全

为了提高数据库的安全性，需要设计一个多层次的安全框架，以保护人工成本数据库免受未经授权的访问和潜在的数据泄露风险。该框架主要包括以下三个方面：

1. 身份验证

这是人工成本数据库的第一道防线，通过复杂的验证机制和流程，可以确保用户身份的合法性。目前，身份验证最常用的方法主要是用户名加密码，以及生物识别技术等多因素身份认证机制。通过这种综合的身份验证，企业能够确保用户每次对人工成本数据可访问时经过严格的授权，从而避免未授权访问以及数据泄露的风险，此外，企业还可以采用基于数字证书的身份验证系统，这种系统能够使用户通过单一证书访问多个信息系统，从而实现单点登录的目的，不仅可以提升人工成本数据库的整体信息安全水平，还极大地提升了用户体验和管理效率。

2. 数据加密

数据加密的主要目的是防止未经授权的用户访问和读取敏感数据，以保护数据库中的人工成本信息。该技术不仅包括数据库中静态数据的加密，还涉及对数据传输过程中的动态保护，从而对数据库中的数据进行全面的保护。同时，密钥管理是加密过程中的一个重要措施，在这一环节中需要确保密钥的安全存储和合理分配，以防止密钥泄露导致的安全风险。此外，通过实施端到端的加密措施，还可以规避数据在传输过程中被拦截的风险，以及防止未经授权的第三方用户读取或篡改相关数据内容。

3. 强制存取控制

在日常操作中，一些有授权的用户可以通过将加密的数据复制到非保密的文件中，以达到非授权用户也能查看保密数据的目的，所以需要引入强制存取控制这一手段以避免这种非法的信息流动活动。该技术是基于标签的访问控制机制，通过为数据资源和用户分配安全标签等方式，确保数据的保密性和完整性。此外，强制存取控制还为每个用户和数据赋予了一个安全等级，只有当用户与数据的安全等级相匹配时，才能允许用户访问相应的数据，保证了敏感信息只能是有授权的人员进行访问，从而实现对数据访问的严格控制，极大地降低了数据泄露的风险。

4.4.4　更新与维护人工成本数据库

在测验运行人工成本数据库达到目标后，人工成本数据库就可以正式投入到施工项目中，这意味着人工成本数据库前期的设计流程就此终结，但是为了保证人工成本数据库能够长期使用，后续的更新与维护也标志着正式开始。另外，由于人工成本数据库所处的应用环境是一直处于不断的变化之中，而且人工成本数据库在运行过程中的物理储存也会不断地变化。显然，对人工成本数据库后续的更新与维护工作将是一个长期的任务。

在使用数据库的过程中，对人工成本数据库的更新和维护等相关工作主要是由企业分配的数据库管理员来完成的。具体工作内容包括以下三个方面：

1. 人工成本数据与系统更新

定期对人工成本数据库的数据与系统进行更新，可以保证人工成本数据库的完整性和安全性。首先，数据更新方面，这涉及员工基本工资、日常福利以及加班费等信息的定期更新。此外，员工的职位变动、企业的薪酬政策调整等都会导致数据的频繁变动。因此，数据的定期更新，是保证数据完整性的基础。其次，由于信息技术的不断升级，为了保证人工成本数据库的安全性，人工成本数据库可能需要进行系统升级以获得更好的性能和功能，包括对数据模型、存储方式以及接口的更新。

2. 数据库的转储与恢复

对人工成本数据库和相关日志文件的备份，包括全备份和增量备份，能够确保在系统发生故障后，可以利用数据库备份和日志文件的备份，及时恢复人工成本数据库的运行，并且尽可能地减少对人工成本数据库的破坏。此外，备份操作可以在系统低负载的时段进行，以减少对业务操作的影响。

3. 数据库的重组与结构调整

随着人工成本数据库的持续运行，其内含数据量逐渐增长，这会导致数据库的性能下降。而且，在数据操作中，频繁的数据增删改操作会不断消耗数据库的物理存储资源，进而减少存储空间的使用效率和数据访问速度。对数据库进行重组或部分重组（仅针对频繁增删的内容）显得尤为重要，重组的主要操作包括对数据库进行碎片整理和回收未使用的空间等。这些措施不仅可以优化数据的物理存储结构，而且还不会改变数据的逻辑结构，从而可以提高人工成本数据库的性能和响应速度。

此外，人工成本数据库的应用环境若发生变化，可能会导致实体及其关系发生改变，使得现有的数据库设计无法适应新的需求，这时，数据库必须调整其模式和内模式以适应业务变化。而且，人工成本数据库在设计之初提供了修改数据库结构的功能，这使得企业可以根据需要调整数据库的相关设计，即对数据库结构进行重新调整。但是，数据库重构的适用范围是有限的，如果应用环境的变化过大，或重构的成本过高，以至于无法通过简单的重构来满足新的需求，那么就需要考虑结束现有人工成本数据库应用系统的生命周期，并设计一个新的数据库系统来替代。

第 5 章

智慧工程管理系统的应用

　　智慧工程管理系统的出现，为工程项目管理带来了新的变革。它不仅能够实现对项目现场的实时监控与管理，还能够依托数据分析技术，为管理者提供智能化的决策辅助，助力工程项目实现更高的经济效益和社会效益。

　　本章将在展示智慧工程管理系统的基本原理、核心功能的基础上，重点关注该系统在人工成本管理方面的应用，通过实时监控与数据采集、数据分析与预警机制等手段，实现对人工成本的有效控制和优化，避免不必要的支出和损失，为工程项目的成本控制与效益最大化提供有力保障。

5.1　智慧工程管理系统的逻辑结构体系

　　智慧工程管理系统是一种集成了信息技术、自动化技术和智能化管理手段的综合平台，旨在实现对工程项目全生命周期的高效、精准管理。该系统通过运用物联网、大数据、云计算等先进技术，运用实时监测、深入数据分析及直观可视化展示等手段，全面智能化地管理工程项目的质量、成本及安全等关键要素。将工程项目的各个环节紧密连接起来，形成一个高度协同、智能化的管理体系。该系统精心设计了风险管理、人员管理、视频直播、出勤管理及工资管理等多个模块，这些模块紧密协作，共同构建起一个全面、高效的智慧工程管理体系。

5.1.1　系统架构

　　智慧工程管理系统根据工程业务管理的要求，搭建施工项目物联网的整体应用，实现远程可视化生产、安全质量监管、大型设备运行监控、施工现场人员监控、计量支付管理、合同管理、成本管理等业务，并统一接入云服务，能够降低运营成本，节省人力投入，减少安全隐患，规范施工管理，有效缓解项目施工现场劳务、进度、安全、质量、成本等方面的管理难题。

1. 平台整体架构

　　智慧工程系统架构涵盖了感知层、平台层和应用层，通过这三层架构的紧密协作，智慧工程系统实现了对项目现场的全面监控与管理，为工程项目的精益管理提供了坚实的基础，主要内容如图5-1所示。

　　（1）感知层。

　　充分利用物联网技术和移动应用增强对项目现场的实时控制与管理效能。通过传感器、摄像头等终端设备，实现对项目建设过程的实时监控、智能感知、数据采集和高效协同，提升现场作业的管理水平。

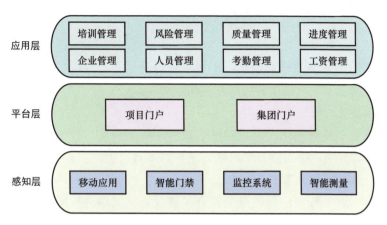

图 5-1　智慧工程系统架构

（2）平台层。

随着各系统处理的业务日益复杂，海量数据随之产生。为提升处理效率，对服务器的高性能计算能力和低成本存储能力提出了更高需求。通过云平台进行高效计算、存储及提供服务。让项目参建各方更便捷地访问数据，协同工作，使得建造过程更加集约、灵活和高效。

（3）应用层。

在应用层面，始终聚焦于工程项目管理的核心优化，将智慧工程管理系统视为实现这一目标的关键工具。通过项目进度、质量、成本等方面的可视化展示、参数化管理与数据化分析，提升施工项目管理与交付的效率和精确度，为项目精益管理提供了强有力的支撑与保障。

智慧工程管理系统的各子系统依托于智慧工程物联网云平台的统一访问入口，实现了对各类业务应用系统的无缝集成。这一集成不仅促进了施工项目各个独立板块的信息化进程，还通过子系统与云平台之间的深度互联互通，实现了项目数据的全面汇聚、高度整合与深度分析。这一过程极大地丰富了管理决策的数据基础，为管理者提供了更加智能化、精准化的决策支持，助力工程项目管理达到更高的效率和效果。

2. 系统架构特点

（1）分布式微服务架构为核心。

该平台全面构建于分布式微服务架构之上，采用经典的客户端/服务器（C/S）模式，灵活应对业务逻辑与客户应用需求的动态变化。

（2）技术架构层次分明。

平台展现出清晰且合理的技术架构蓝图，严格遵循感知层、平台层、应用层的技术分层原则，确保系统架构的条理性与可扩展性。

（3）前后端解耦提升体验。

通过前后端分离的设计策略，平台不仅提升了用户界面的响应速度与交互流畅性，还增强了系统整体的可用性与用户体验。

（4）模块化设计促进独立部署。

平台规划高度模块化，有效降低了模块间的耦合度，使得各个模块能够独立进行部署与升级，极大提升了系统的维护效率与灵活性。

（5）一体化数据共享平台。

该平台实现了数据层面的全面整合，确保数据同源同数，基础数据在平台内无缝共享，构建了一个覆盖项目管理全方位信息化需求的一体化解决方案。

（6）高可靠性与技术领先性。

平台设计旨在实现不间断运行，具备大容量处理能力与高度稳定性、可靠性。

（7）开放接口与上下级对接。

平台无缝对接上级中心平台，同时提供开放的数据接口，便于与外部系统的数据交换与集成。

3. 数据采集、传输与处理机制

（1）数据采集。

在智慧工程系统中，数据可进行实时采集通过传感器、监控摄像头等装置从工程现场实时捕获，涵盖工地环境参数、施工人员及设备详情、材料出入库记录等信息，并将这些信息发送至数据库，以便进行存储与深入分析。这种实时采集方式能够迅速识别并处理问题，进而增强工程管理的效率与精确度。

此外，对采集到的原始数据还需进行预处理工作，这一过程包括数据清洗（去除噪声、异常值等）、数据集成（将不同来源的数据整合在一起）、数据变换（如数据归一化、降维等）等步骤。数据预处理是提升数据品质与可用性的核心环节，为后续的数据分析与利用打下坚实基础。

对于人工成本数据，在进行采集之前，首先要明确数据采集的目的和需求。这包括确定需要采集哪些数据（如员工级别、技能、工作小时数、工资总额、社保费用、福利支出、培训费用等），以及这些数据的用途（如成本分析、预算编制等）。

数据采集系统一般由传感器、信号调理电路、数据采集卡、通信接口、计算机系统和电源系统等部分组成，其主要功能模块如图5-2所示。

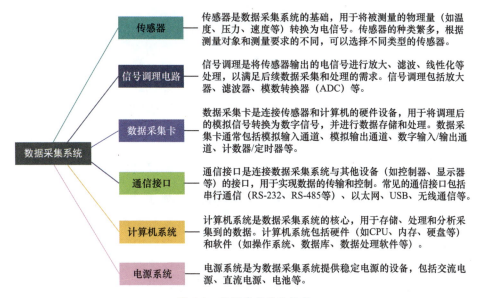

图 5-2　数据采集系统构成

（2）数据传输。

智慧工程系统中的数据传输技术机制是一个复杂而精细的过程，它涵盖了通信协议、传输介质、加密技术等多个方面。通过采用实时传输机制、批量传输机制、数据压缩与解压缩以及数据校验与重传等技术手段，可以确保工程现场数据能够高效、安全地传输到数据中心进行进一步处理和分析。

1）数据传输技术基础。

① 通信协议。数据传输过程中，选择合适的通信协议至关重要。常见的通信协议包括 TCP/IP、UDP、HTTP 等，它们各自具有不同的特点和适用场景。本企业的项目要求可靠、面向连接的传输服务，所以选择 TCP 协议。

② 传输介质。传输介质是数据传输的物理通道，包括有线介质（如双绞线、光纤等）和无线介质（如无线电波、微波等），根据现场环境和传输需求选择合适的传输介质，以确保数据传输的稳定性和可靠性。

③ 加密技术。为了保障数据传输的安全性，采用加密技术对传输的数据进行加密处理。加密技术可以有效防止数据在传输过程中被窃取或篡改，确保数据的机密性和完整性。

2）数据传输系统架构。

① 数据采集设备。如数据采集器、现场总线、无线通信设备等，负责将传感器采集的数据进行传输和处理。这些设备的选择和安装需要考虑现场环境、测量精度、可靠性等因素，以确保数据采集的准确性和有效性。

② 数据传输网络。数据传输网络是连接数据采集端和数据中心的桥梁，负责将采集到的数据高效地传输到数据中心。根据现场环境和传输需求，可以选择有线网络、无线网络或混合网络等不同的传输方式。公司项目使用混合网络，无线网络不用布线，无须担心传统工地监控线材损坏反复修复的问题，并且设备都可以反复利用，比如这个工地竣工后可以拆下来换到其他工地继续使用，不用增加任何成本；而在需要高带宽、低延迟的应用场景中，有线网络则能提供更稳定的性能。

3）数据传输技术机制。

① 实时传输机制。对于需要实时处理的数据（如实时视频、实时监控数据等），采用实时传输机制进行数据传输，此方案的核心在于确保数据传输的低延迟与高可靠性，使得数据能迅速且无误地送达数据中心进行即时处理。而对于历史数据、统计数据等时效性要求不高的信息，可以采取批量传输的方式。这种方法通过整合多个小型数据包为一个大型数据包进行传输，旨在减少传输操作的频率，从而优化传输效率。这种方式更适合处理那些在时间上较为宽松、无须即时处理的数据。

② 数据压缩机制。在数据传输过程中，为了缩减传输的数据体量并提升整体效率，可以对数据进行压缩处理。具体而言，数据在发送前会经过压缩处理，这一过程能够显著减少所需传输的数据量。当这些数据抵达数据中心后执行解压缩操作，以还原出原始的数据内容。通过数据压缩与随后的解压缩处理，不仅能够有效地减轻数据传输对资源的占用，还能进一步加快数据的传输速度，从而优化整个数据流转的过程。

③ 数据校验与重传机制。为了确保数据传输的可靠性，采用数据校验与重传机制。在数据传送的每一个环节，接收端都会对接收到的数据进行校验，确保了数据的完整性和正确性。一旦在校验过程中发现数据存在偏差或遗漏，接收端会立即采取行动，向发送端发出明确的重传请求，要求重新发送那些出错或缺失的数据包。这样的机制确保了即使在数据传输过程中遭遇干扰或错误，也能通过重传的方式恢复数据的准确性，从而全面提升数据传输的可靠性。

（3）数据存储与分析。

根据人工成本动态控制的"三明治"结构，智慧工程系统将采集到的数据传输到数据库进行存储，故数据存储相关具体内容详见 4.2.3 动态人工成本数据库功能模块设计。

智慧工程系统中的数据分析技术机制是利用可视化技术、机器学习算法、统计方法、数据挖掘技术等对存储的数据进行深入分析，揭示数据之间的关系和规律，发现潜在的问题和趋势。确保系统能够高效、准确地处理和分析海量数据，预测数据走向，从而支持工程项目的决策、优化和管理。具体的运行机制详见 2.3.3 智慧工程管理系统的成本分析与预警效能提升。除此之外，在数据处理过程中，确保数据的安全性和隐私性至关重要。智慧工程系统采用数据加密、访问控制、身份认证等安全技术，保障数据在传输、存储和处理过程中的安全性和可靠性。

综上所述，数据从采集到分析的整个处理过程如图 5-3 所示。

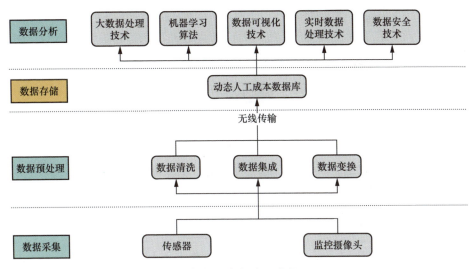

图 5-3　数据处理过程

5.1.2　核心功能

智慧工程系统的核心功能聚焦于项目现场与成本体系的双重管理。在项目现场方面，系统实现实时监控与数据可视化，确保管理者能够实时掌握工程进度与质量。而在成本体系上，系统通过数据实时监控与分析，提供人工成本异常预警，助力企业精准控制成本，提升经济效益。

1. 现场实时监控与数据可视化

（1）现场监控。

施工项目现场监控系统是通过计算机软件、硬件以及摄像头等设备集成的系统，能够实时查看视频录像、调阅历史数据、进行红外夜视和远程操控。该系统利用摄像头采集的图像信号，通过传输线路传输到监控中心，实现对施工现场的全面监控。

1）监控系统的组成。

① 前端设备。包括摄像头、红外探测器、报警器等，负责采集施工现场的

图像、声音、环境参数等信息。

② 传输设备。如光纤、同轴电缆、无线传输设备等，负责将前端设备采集的信息传输到监控中心。

③ 监控中心。包括监控屏幕、存储设备、服务器等，用于显示前端设备传输的信息，并进行存储、处理和分析。

监控系统运行机制如图 5-4 所示。

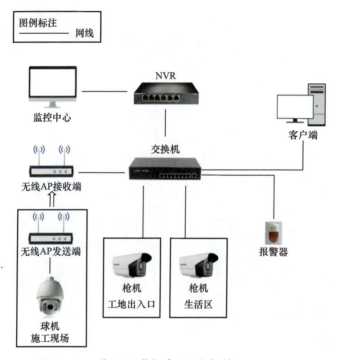

图 5-4 监控系统运行机制

2）监控系统的功能。

① 实时监控。通过摄像头对施工现场进行全天候、无死角的监控，确保施工过程的透明化和可追溯性。

② 异常报警。当施工现场出现异常情况（如人员违规操作、设备故障、环境参数超标等）时，系统能够自动触发报警机制，并通知相关人员进行处理。

③ 远程操控。通过远程控制系统，可以实现对施工现场设备的远程操控和调节，提高施工效率。

3）监控系统的安装与使用。

① 安装位置。监控系统的安装位置应覆盖整个施工现场的关键区域，如大

门口、塔机顶端、安全通道口、材料加工区和混凝土泵送区等。同时，应确保摄像头的安装高度和角度能够满足监控需求。

② 设备选型。根据施工现场的实际情况和需求，选择合适的监控设备和传输设备。例如，对于需要夜间监控的区域，选择具有红外夜视功能的摄像头；对于需要远距离传输的区域，选择传输性能稳定的设备。

③ 系统调试。在安装完成后，需要对监控系统进行调试和测试，确保各个设备之间连接正常、数据传输稳定且图像清晰。

④ 使用与维护。施工单位应建立健全视频监控工作制度，明确责任部门和责任人。同时，应定期对监控设备进行检查和维护，确保设备正常运行和监控效果良好。

4）监控系统的作用。

① 提高施工安全。通过实时监控和异常报警功能，项目团队能及时发现和处理施工过程中的安全隐患和事故苗头，保障工人的生命安全。

② 提升施工效率。通过远程操控功能，可以实现对施工过程的精准控制和管理，提高施工效率和质量。

③ 规范施工行为。通过监控系统的记录和回放功能，能随时对施工人员的行为进行规范和监督，促进施工行为的文明化和规范化。

④ 便于施工管理。为管理人员提供实时、全面的施工现场信息，帮助管理人员更好地掌握施工进度和资源分配情况，提高施工管理的科学性和精细化水平。

（2）人员出勤管理。

智慧工程系统中的出勤管理是智能化管理的重要组成部分，它借助先进的技术手段实现对工地现场人员身份、工种、工作状态等信息的快速准确识别，并实现了对工人考勤的智能化、精细化管理。

1）进出场管理。

利用人脸识别、身份证扫描等技术，对进场工人进行身份验证，确保工人信息的真实性和准确性。工人首次进场时需进行实名登记，包括姓名、性别、年龄、工种、身份证号、所属班组、进场时间等基本信息，并录入系统建立个人档案。

工人离场时需在智慧工程系统上进行离场登记，记录离场时间、原因等信息。系统会自动更新工人的在场状态，为工地管理提供实时数据支持。

2）考勤管理。

人员通过实名制人脸识别闸机出入工地，并记录考勤信息，还通过智慧工程系统进行考勤打卡，包括签到、签退、请假等操作。这有助于施工单位掌握人员出勤情况，优化人员配置。

进入现场时必须进行打卡，识别到正确的身份信息方可入内，一是防止闲杂人等进入现场，二是能够记录上班时间。离开现场时进行签退，便于清点人数并记录下班时间。如有特殊情况未能到现场，可以在系统上进行请假报备。

管理人员可在系统后台查看考勤数据，准确掌握工人人数以及每名员工的上班时长，为工资管理和绩效管理提供帮助。

（3）数据可视化。

数据可视化是人机交互系统中的重要组成部分。通过将复杂的数据转化为直观的图表、图像或动画等形式，可以帮助用户更好地理解数据背后的含义和趋势，使管理人员能够迅速捕捉关键信息，把握工程进展，及时发现潜在问题，并做出相应决策。这不仅提高了工作效率，还增强了决策的科学性和准确性。例如，在人工成本数据分析中，可以通过柱状图展示各部门的人工成本占比，通过折线图展示人工成本随时间的变化趋势等。

1）数据可视化的实现过程。

① 明确可视化目标。首先要明确项目背景、目的和用户需求，然后确定需要分析的主题、视角和规律，接着根据需求确定数据可视化的目的和预期效果。

② 数据处理。从数据库中选取可视化需要用到的数据，先进行数据清洗，去除噪声和误差，处理缺失值和异常值，并转换数据类型，使其适合可视化分析。然后进行数据分析，对数据进行探索性分析，了解数据的分布、趋势和关联性。根据分析目的，选择合适的统计方法和模型对数据进行处理。

③ 可视化设计。根据数据的类型和特点（如时序数据、空间数据、层次和网络数据、文本数据等）选择合适的可视化图表类型（如折线图、柱形图、条形图、堆积图、日历热图、地图、树图、词云图等），并根据可视化需求和技能水平选择合适的工具（如 Excel、Tableau、Power BI、FineBI 等），确保工具能够支持所需的可视化类型和交互功能。同时设计可视化界面的布局、色彩搭配及字体选择等，确保界面既直观易理解，又具备审美价值。

④ 实现与发布。首先创建可视化图表，使用所选工具将数据映射到可视化元素上，调整图表布局、颜色方案和字体大小等细节，以提高可读性和美观性。然后测试和验证，检查可视化图表中的数据准确性和一致性，确保图表在不同设备和浏览器上都能正确显示。最后发布和分享，将可视化图表发布到企业内部网站，提供必要的说明和解释，以帮助受众理解图表的内容和含义。

⑤ 实时更新与交互。发布后收集受众对可视化图表的反馈和意见，根据反馈进行必要的调整和优化。并进行持续更新，随着数据的更新和变化，定期更新可视化图表以反映最新情况。不断优化可视化设计和交互功能，提高用户体

验和满意度。

2）意义。通过数据可视化，管理人员可以实时掌握施工进度、人员分布、设备状态等信息，及时发现并处理安全隐患，提高工地管理效率。通过直观、易懂的方式展示工程数据，帮助管理人员做出更明智的决策。

2. 成本实时监测、分析与异常预警

（1）数据实时监测。

利用智慧工程系统的人员管理模块和风险管理模块，实时监测完成工程量、人员数量、工时以及人工成本单价，以此来监控人工成本。除了依赖自动化工具外，定期的人工成本审查也是必不可少的。项目经理应定期组织会议，与团队成员讨论成本控制的情况，共同寻找改进的方法。

（2）数据分析。

1）成本构成分析。将实时收集的成本数据按照不同的类别进行分类，如直接成本和间接成本，并进行汇总，计算各类成本在总成本中的占比，分析各类成本的相对重要性，以确定成本控制的关键环节。观察各类成本随时间的变化趋势，识别成本增长的驱动因素。

2）成本差异分析。对比实际成本数据与预算成本数据，探究成本偏差的根源，从而为成本控制策略的制定提供依据，如人工费用波动可能是由于劳动力市场变化或技能水平差异；施工效率改变可能是由于工艺改进或设备故障。评估成本差异对总成本和项目利润的影响。

3）成本预测。借助大数据技术和机器学习算法（如时间序列分析、回归模型等），对历史成本数据进行深度挖掘与分析，构建成本预测模型，并使用历史数据对模型进行训练和验证，确保模型的准确性和可靠性。将模型应用于未来成本的预测，以预测未来的成本走向，为项目决策和成本控制提供前瞻性指导。

（3）人工成本异常预警。

智慧工程系统可以建立人工成本预警机制，对工程项目中的人工成本数据进行实时监控和分析。当人工成本数据出现异常波动时，系统会自动触发预警机制，向相关人员发送预警信息，提醒他们关注并采取措施。

1）设置阈值。根据预算等信息对人工成本数据设置阈值，包括直接人工成本（如工资、奖金等）和间接人工成本（如培训、福利等）。当数据超出设定的阈值范畴便会发出预警，根据不同级别向不同的管理人员发送预警信息。

2）异常识别与定位。智慧工程系统能够自动识别并定位人工成本异常的原因。例如，当系统检测到某个部门或岗位的人工成本突然增加时，会自动分析并展示可能的原因，如人员变动、薪资调整、工作量增加等。这有助于企业快

速找到问题所在，并采取相应的解决措施。

3）协同工作与决策支持。系统支持不同部门和岗位的管理者实时共享和访问信息，进行协同工作和决策。当人工成本异常预警触发时，相关人员可以迅速通过系统了解详情，并共同商讨解决方案。这种协同工作的方式有助于提高决策效率和准确性。

5.1.3 功能模块

智慧工程系统分为风险管理、工资管理、人员管理等 15 个模块，各模块又分为各类细分功能模块，并发挥着不同的作用，但本文主要探讨人工成本，故此处只展示与人工成本相关的模块，模块具体功能如图 5-5 所示。

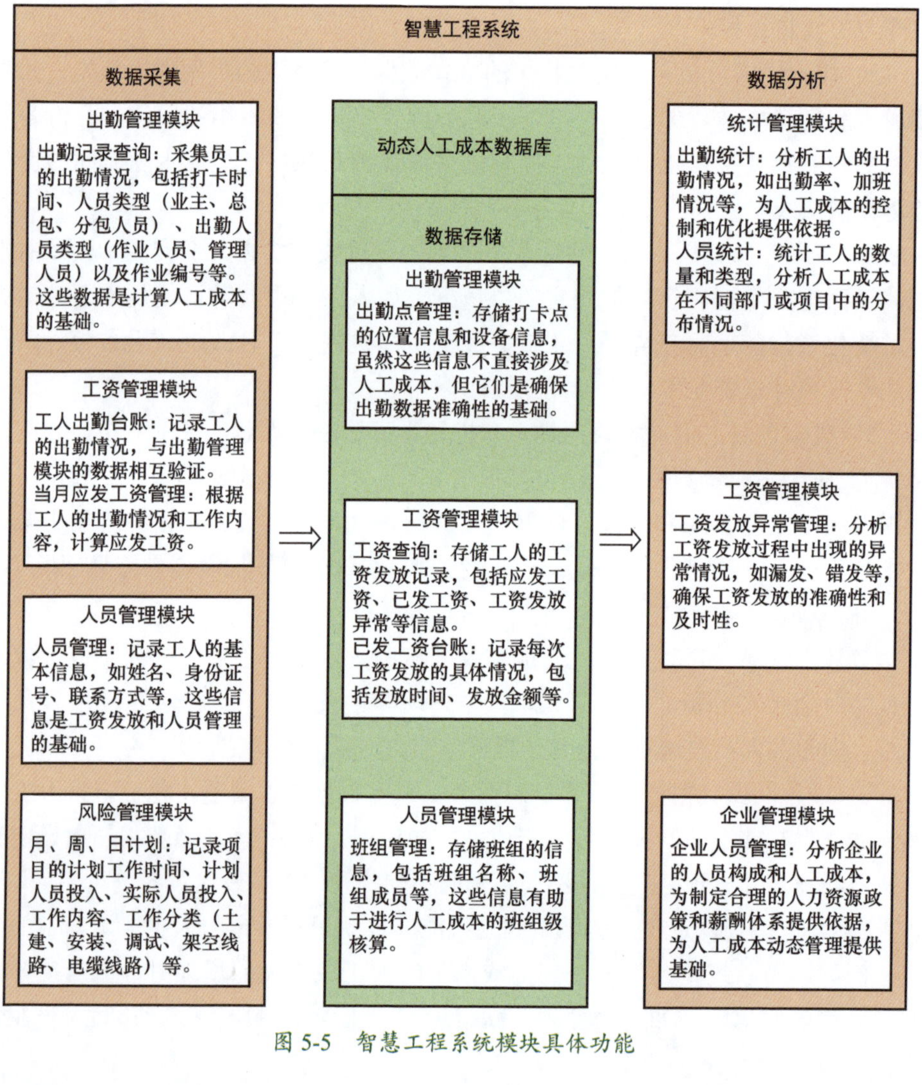

智慧工程系统

数据采集

出勤管理模块
出勤记录查询：采集员工的出勤情况，包括打卡时间、人员类型（业主、总包、分包人员）、出勤人员类型（作业人员、管理人员）以及作业编号等。这些数据是计算人工成本的基础。

工资管理模块
工人出勤台账：记录工人的出勤情况，与出勤管理模块的数据相互验证。
当月应发工资管理：根据工人的出勤情况和工作内容，计算应发工资。

人员管理模块
人员管理：记录工人的基本信息，如姓名、身份证号、联系方式等，这些信息是工资发放和人员管理的基础。

风险管理模块
月、周、日计划：记录项目的计划工作时间、计划人员投入、实际人员投入、工作内容、工作分类（土建、安装、调试、架空线路、电缆线路）等。

动态人工成本数据库

数据存储

出勤管理模块
出勤点管理：存储打卡点的位置信息和设备信息，虽然这些信息不直接涉及人工成本，但它们是确保出勤数据准确性的基础。

工资管理模块
工资查询：存储工人的工资发放记录，包括应发工资、已发工资、工资发放异常等信息。
已发工资台账：记录每次工资发放的具体情况，包括发放时间、发放金额等。

人员管理模块
班组管理：存储班组的信息，包括班组名称、班组成员等，这些信息有助于进行人工成本的班组级核算。

数据分析

统计管理模块
出勤统计：分析工人的出勤情况，如出勤率、加班情况等，为人工成本的控制和优化提供依据。
人员统计：统计工人的数量和类型，分析人工成本在不同部门或项目中的分布情况。

工资管理模块
工资发放异常管理：分析工资发放过程中出现的异常情况，如漏发、错发等，确保工资发放的准确性和及时性。

企业管理模块
企业人员管理：分析企业的人员构成和人工成本，为制定合理的人力资源政策和薪酬体系提供依据，为人工成本动态管理提供基础。

图 5-5 智慧工程系统模块具体功能

需要注意的是，虽然某些模块在功能描述上可能并不直接涉及人工成本，但它们在整个人力资源管理和成本控制系统中扮演着重要的角色。例如，人员管理模块中的黑名单和白名单管理有助于确保人员的合规性和安全性，从而间接影响人工成本。同样，视频直播模块和违章管理模块虽然主要用于安全管理和违规行为的记录，但它们也有助于提高工作效率和减少因违规行为导致的成本增加。

5.2　智慧工程系统人工成本的实时监控与数据采集

在人工成本管理中，实时监控与数据采集成为提升管理效率与精度的关键手段。通过对劳动力资源的实时追踪与控制，企业能够精准把控人员配置与使用情况。同时，借助先进工具对工作效率进行实时监控，可以及时发现并解决生产瓶颈，优化作业流程。此外，对人工成本数据的全面采集与分析，有助于企业精准核算成本，实现成本的有效控制，为企业的盈利能力和市场竞争力提供有力保障。

5.2.1　劳动力资源的实时监控与采集

劳动力资源控制是人工成本管理的核心。传统劳动力资源的监控多采用静态方式，这种方式不仅效率低下，还容易因信息滞后和不准确而导致资源配置不合理，进而影响项目的进度与质量。为了克服这些弊端，实现劳动力资源的高效利用与精细化管理，引入智慧工程系统进行劳动力资源的实时动态监控显得尤为重要。通过动态采集，并结合先进的数字化管理工具，可以实现对劳动力资源的实时监控与灵活调配，从而确保项目目标的顺利实现，推动施工管理向更加科学化、智能化的方向发展。

1. 传统劳动力静态监控弊端

传统劳动力静态监控存在诸多问题（见表 5-1），为解决这些问题，引入智慧工程系统，进行劳动力资源动态监控。运用动态控制原理进行项目目标的控制有利于项目目标的实现，并且可以促进施工管理科学化进程。

2. 实时监控需要采集的数据

表 5-2 显示的是通过智慧工程系统采集到的有关劳动力资源的数据，而项目采集到的所有人工成本有关的信息录入人工成本数据库，更多内容见 4.2.4 动态人工成本数据库的基本单元设计。

表 5-1   传统劳动力静态监控存在的问题

问题	具体表现
采集难	通过纸质表、电子台账采集，易出错，难更新
	通过小程序/App采集，填写的数据"有去无回"
	部分工作重复开展，但具体要求存在差异
验收难	采集随机性大
	准确率低、无法得到有效的保证
	验收过程繁杂、时间长
更新难	数据静态管理，劳动力流动性大，信息变更频繁，时效性差
	按照传统手段，更新难度大，成本高，相当于重新采集一遍
	跟踪服务工作量大，难度大，无法及时、准确更新信息
应用难	调查的目的是摸清现状，更好地为人工成本管理提供有力的支持
	仅录入数据，没有对应的分析，无法对未来的项目提供决策支持

表 5-2   劳动力资源动态控制需要采集的数据

采集的数据			影响的变量
项目人员构成	项目规模	项目总人数，包括管理人员、技术人员、辅助人员等	人工成本
	人员角色	人员在项目中所承担的角色以及工人的工种，如项目经理、测量员以及钢筋工等	生产工人日工资单价
	成员来源	项目人员的招聘来源，如校园招聘、社会招聘、内部推荐等，以及工人所属的班组	—
人员技能与经验	技能水平	项目人员所具备的技能水平，包括专业技能、沟通技能、团队协作技能等	—
	工作经验	项目人员在相关领域的工作经验，包括项目经验、行业经验等	—
	培训情况	项目人员在项目过程中接受的培训情况，包括培训内容、培训效果等	—
人员健康状况	关注工人的身体健康状况，包括定期体检结果、疾病史等，以确保工人能够胜任工作，避免因健康问题导致的安全事故或工作效率下降		—
人力资源配置情况	岗位设置	项目的岗位设置情况，包括岗位名称、岗位职责、岗位人数等	—
	人员配备	项目的人员配备情况，包括各岗位人员的数量、质量等	—
工作时长	通过进出场以及考勤管理，记录项目人员工作时长		耗用时间

续表

	采集的数据	影响的变量
工作进度	项目人员需每天填写工作日志,记录每天的工作内容、进展和问题等。这样可以及时了解到每个人员的工作进展和存在的问题,以便及时采取措施解决	完成工作量
工资及绩效	根据智慧工程系统记录的项目各员工的工资、绩效数据以及建筑工人花名册、考勤记录、现场发放费用签收记录、电子转账凭证、劳务合同等资料确认	生产工人日工资单价

其中工资及绩效是人工成本单价的核心组成部分。然而,传统的工资条发放方式往往存在信息更新不及时、透明度不足等问题,难以实现对工资情况的实时监控,智慧工程系统对此做出了优化,其关于工资与绩效实时监控的优化功能见表 5-3。

表 5-3　　　　　　　　　　智慧工程系统工资与绩效管理优化

优化		功能
工资管理智能化	精确记录工时	智慧工程系统利用打卡系统,精确记录工人的上下班时间和出勤情况。这种记录方式不仅提高了工时数据的准确性,还为工资计算提供了可靠依据
	自动化工资计算	系统能够自动导入工时数据,并根据预设的工资标准和加班费等因素,自动计算工人的基本工资、加班费、绩效奖金等。这不仅减少了人为计算错误,还提高了工资发放的效率和准确性
	工资单生成与审核	智慧工程系统自动生成详细的工资单,包括各项工资明细和扣款项目。管理人员可以定期审核工资单,确保工资计算准确无误,并及时处理员工的疑问和投诉
绩效管理体系化	绩效考核指标设定	系统支持根据项目的实际情况,设定合理的绩效考核指标,如工作质量、工作效率、出勤率等。这些指标为员工的绩效评估提供了明确的标准
	绩效考核流程	系统支持自评、互评、上级评等多种考核方法,确保考核结果的客观性和准确性。考核结果将作为员工薪酬调整、晋升机会等的重要依据
	绩效反馈与改进	系统提供绩效反馈功能,帮助员工了解自己的工作表现,明确改进方向。同时,管理人员也可以根据绩效考核结果,优化工资管理流程,提升整体管理水平
监管与维权透明化	实名制管理	智慧工程系统与实名制管理系统相结合,准确认定劳动者身份,为规范工资支付提供前提。通过生物识别技术(如虹膜识别、人脸识别、指纹等),实现人员信息采集录入,建立与完善工人实名档案
	工资发放监控	系统对工资发放过程进行实时监控,确保工资按时足额发放到工人手中。同时,与银行对接,实现项目工资专户管理和工资卡管理,支持工资发放情况的审核和监管
	维权信息透明	系统增强维权信息透明度,共享分包工人维权信息、维权流程。工人收到工资款后,需在小程序端进行实收工资确认。若对收款金额存在异议,可以在系统上提交申诉申请,确保工人的合法权益得到保障

优化		功能
数据分析与决策支持	数据收集与分析	智慧工程系统收集工人的工时记录、工资计算、绩效考核等数据，建立完善的数据基础。通过大数据分析，洞察工地运行的规律和趋势，为管理者提供优化方案和决策建议
	报表生成与展示	系统提供多种数据报表和图表，帮助管理人员进行数据分析和决策。例如，可以生成工资发放统计报表、绩效考核结果报表等，为工资管理和绩效管理提供有力支持

3. 实时监控方法

（1）编制劳动力资源需求计划。

依据施工进度规划，为劳动力资源设定详细的编码体系、计量准则及最大日消耗量等信息，针对劳动力资源，根据各施工步骤的具体需求，精确分配所需工种及其数量，以保障施工的顺利进行。这些计划包括日计划、周计划、月计划，需及时上传系统中的风险管理模块。

（2）施工数据的采集路径优化。

采用系统登记信息，详细记录施工流水段内各施工队伍、工种的详细信息，涵盖施工阶段、楼层、区域、施工队伍名称、日期、工种人数、工作时间、进度预测及施工障碍等，以提升数据采集的全面性和精确度。

（3）智慧工程系统信息采集应用。

引入智慧工程系统，利用数字化手段，由项目内部人员直接录入进度与资源投入数据，确保数据的实时性和准确性。系统通过任务指派、数据交叉校验及现场图片上传等功能，构建健全的数据追溯机制，同时提升数据采集效率，减少时间成本。

（4）智能门禁加视频监控系统。

通过现场门禁系统与人脸识别设备、劳务管理系统的集成，实现项目现场劳动力的实名制考勤，大幅降低人工考勤成本，提升数据采集效率，确保劳动力数据的真实性和可靠性。基于劳务管理系统，对项目现场工人的属性、出勤情况等数据进行深入分析，为管理层提供判断项目现场劳动力状况的便利。视频监控系统的部署则进一步强化了现场监管能力，扩大了数据采集范围，提升了整体管理效能。

4. 实时监控流程

为了实现对劳动力资源的有效监管，需按照既定标准，持续收集劳动力资源消耗的实时数据。在项目执行期间，管理人员会密切监控并每日记录不同施工队伍中各类工种的劳动力投入情况，同时评估现场的实际施工进度。随后，系统会对采集到的数据进行实时对比，对劳动力资源的计划配置量和实际消耗量进行量化对比，旨在准确找出两者之间的差异或偏差。

一旦发现偏差，会立即启动纠正措施，通过深入分析偏差产生的具体原因，并结合偏差的具体数值，制定并执行具有针对性、科学合理的调整计划。这一动态的控制流程能够灵活应对项目执行过程中的各种变化，确保劳动力资源得到高效利用，保障项目的顺利进行。整体动态控制流程如图 5-6 所示。

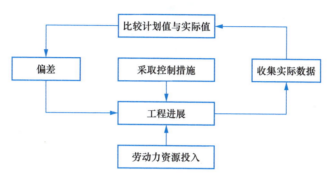

图 5-6　整体动态控制流程

5.2.2　工程量完成情况的实时监控与采集

实时采集工程量完成情况数据，包括各个分部分项工程完成情况，录入智慧工程系统，为后续工作效率与人工成本的计算提供数据支持。

1. 实现方式

（1）数据集成与自动化处理。

智慧工程系统能够集成不同来源的工程项目数据，包括设计图纸、施工日志、进度报告等，比如在风险管理模块中，月、周、日计划可以收集各分部分项工程详细的工程量完成数据。该系统还借助自动化流程，能即时刷新工程量数据，以体现项目的最新状态。

（2）物联网设备与监控摄像头。

通过物联网设备和监控摄像头，对施工现场进行全方位、全天候的实时监控。管理人员可以随时查看施工现场的实时画面和数据，掌握施工动态。

（3）智能预警与通知机制。

系统内置智能分析功能，对收集的数据进行解析，一旦检测到异常数据或偏离标准值，即刻激活警报机制。通过短信服务、电子邮件或 App 消息推送，迅速向相关人员发送通知，并提供处理建议。

2. 核心功能

（1）进度可视化与对比分析。

系统采用图表、仪表盘等视觉化手段，清晰展现工程量完成情况，确保项目经理及其团队成员能够迅速把握项目进度概况。此外，系统还具备实际进度与计划进度的对比分析能力，助力项目团队及时发现进度偏差并采取相应调整措施。

（2）掌握工程进度及资源使用情况。

通过实时监控和数据采集，系统能够直观且详尽地展示工程量的完成情况，使管理人员能够精准把握工程进度。同时，资源的消耗状况也得以清晰呈现，便于管理者依据当前实际情况，灵活调整并优化资源配置策略，进而有效缩减成本，提升项目经济效益。例如，系统可以预测施工进度，从而提前安排材料和人力资源，避免浪费和延误。

3. 实时监控优势

（1）提升管理效率。

自动化处理和即时更新显著减少了人工干预，使项目管理人员能更专注于深入分析与决策制定。

（2）增强项目可控性。

通过实时监控，项目管理人员能够实时掌握工程量的完成情况，迅速识别并应对问题，从而提升了对整个项目的控制力。

（3）优化资源配置。

借助对比分析和预警系统，项目管理系统能协助项目管理人员实现资源的更科学配置，确保资源在关键时刻发挥最大效用。

（4）降低风险。

实时监控功能使得项目管理人员能够提前发现并解决潜在的问题，从而有效降低项目的风险，确保项目能够按照计划顺利推进。

5.2.3 人工成本的初步监控

人工成本通常占项目总支出的很大一部分，合理地监控和调整人工成本对于维持预算、满足项目目标至关重要。传统的人工成本管理方法倾向于静态与阶段性操作，它依据事先规划好的计划与预算框架来执行。然而，在应对施工环境中复杂多变的挑战时，这种方法常常展现出滞后性和灵活性不足的问题。管理决策往往无法及时反映现场的实际情况，使得既定计划与实际操作之间产生脱节。此外，传统成本管理被划分为多个相互独立的阶段，每个阶段结束后才进行回顾与评估。由于各阶段间缺乏即时的信息沟通与反馈机制，容易导致各自孤立作业、整体效率低下。相比之下，动态成本管理理念注重实时性和灵活性，它依据施工现场的即时数据做出动态调整，能够迅速应对各种变化，从而提升管理的科学水平和效率。

1. 工作效率实时监控

当工作效率低下时，不仅会导致项目进度延误，还会因为需要投入更多的时间和人力资源来弥补效率不足，从而增加人工成本。为了能够及时发现工作效率低下的问题，需要对项目工作效率进行实时监控，这样可以及时发现并解决潜在问题，优化资源配置，提高项目整体效率。

通过每日现场实际进度及劳动力采集并形成数据积累，结合施工现场实际工程量信息，测算现场工效值，并通过与工效基础值比对剔除偏差较大的问题工效值，精确测算施工现场精准工效值。

工效测算需要有细化到流水段的各结构施工主材的精细工程量，同时还要有主材对应的劳动力数量，通过前两节叙述，这两个关键数据已经通过系统得到了有效的采集。其中，各流水段劳动力数量经过现场实际抽查、视频监控人数对比验证和智能闸机数据验证等方法提升采集人数的准确性。经过测算，与定额数据做对比，如果超过正常范围，应及时调整人员配置结构以及员工工作节奏。

工作效率计算公式为：工作效率 = 完成工作量 / 耗用时间。

其中，完成工作量是指完成的工程量、完成的任务数或达到的项目阶段等；耗用时间是指完成这些工作所需的总时间，包括直接工作时间和间接工作时间（如准备时间、休息时间等）。

例如，一个施工单位在一天内完成了 $100m^2$ 的砌体砌筑工作，假设一天工作 $8h$，那么其工作效率为：工作效率 $=100m^2/8h=12.5m^2/h$。

2. 人工成本实时监控

人工成本管理涉及对项目中所有劳动力相关费用的管理，包括工资、加班费、福利、培训和招聘成本等。不加控制的人工成本可能导致项目超支，影响项目交付的质量和时间。因此，人工成本实时监控是项目成功的关键因素之一。

对于人工成本的实时监控，首先，由智慧工程系统中的风险管理模块、人员管理模块以及工资管理模块中有关人员的人工单价、完成的工作量来计算人工成本。其次，实时监控项目人工成本，分析成本的变化，并预测成本的走向。最后，实行预警机制，将实际成本与预算进行对比，如果发现成本超出预算，能够立即向相关管理人员发送预警信息，帮助项目管理人员及时发现成本超支或其他人工成本异常情况，并为后续决策支持提供坚实基础。

人工成本计算公式为：人工成本 =∑ 分部分项工程劳动量 × 生产工人日工资单价。

这个公式用于计算完成各个分部分项工程所需的人工成本。其中，分部分项工程劳动量是指完成该工程所需的总劳动时间或工作量，生产工人日工资单价是指每个工人每天的工资标准。

例如，假设有一个建筑项目，其中包含三个分部分项工程：砌砖墙、浇筑混凝土和安装门窗。假设需要 100 个工时（即 100 个工人工作一天的时间）来完成砌砖墙的工作，每个工人每天的工资是 300 元；需要 50 个工时来完成浇筑混凝土的工作，每个工人每天的工资是 300 元；需要 20 个工时来完成安装门窗的工作，每个工人每天的工资是 200 元。那么

人工成本 =∑ 分部分项工程劳动量 × 生产工人日工资单价

=(100 工时 ×300 元 / 工时)+(50 工时 ×300 元 / 工时)+

 (20 工时 ×200 元 / 工时)

=30000 元 +15000 元 +4000 元

=49000 元

所以，这个建筑项目的总人工成本是 49000 元。

5.3　智慧工程系统人工成本的数据分析与预警机制

数据分析与预警机制是智慧工程系统进行人工成本管理的核心。通过对人工成本数据进行深度分析，企业能够洞察成本构成与变化趋势，为薪酬政策调整、人力资源规划、成本控制与预算等决策制定提供科学依据。同时，建立成本异常预警系统，能够及时发现并预警潜在的成本超支风险，确保成本控制在合理范围内，为制定针对性的调整策略、实现成本效益的最大化奠定基础。

5.3.1　人工成本数据的深度分析

人工成本数据的深度分析是企业管理中的重要环节，它涵盖了时间序列变动分析、结构变动分析以及因素分析等多个方面。通过时间序列变动分析，企业可以清晰地看到人工成本在不同时间段的变化趋势；结构变动分析则帮助企业了解人工成本中各部分费用的占比及其变动情况；而因素分析则深入探究影响人工成本变动的各个因素，为成本控制提供有力依据。通过这些分析可以预测人工成本变动走向，为成本异常预警和调整奠定基础。

1. 时间序列变动分析

时间序列变动分析是统计分析中的一种重要手段，它侧重于动态或纵向的对比，属于对比分析法的范畴。该方法通过整理一系列按时间顺序排列的统计数据，来剖析其发展趋势，揭示潜在问题，并探索其中的规律性。

在进行时间序列的比较时，依据对比基准的不同，可以区分为定基比较和环基比较两种方式。定基比较是选定某一特定的时间点（如某一年、某季、某月或某日）作为固定的基准期，然后将时间序列中的其他时间点上的数据都与此基准期的数据进行对比。而环基比较则是将时间序列中的每一个时间点都依次作为基准期，将其后的数据与该基准期的数据进行对比。这两种比较方式所得出的结果，会呈现出不同的发展速度、增长速度以及增长量等指标。公司采用环基分析法，分析人工成本相关数据的变化。

（1）人工成本总额变动。

分析不同时间段内，施工企业总人工成本的增长或缩减态势，揭示其长期趋势和周期性波动。通过对时间序列数据的整理和分析，可以观察到人工成本总额在不同年份、季度或月份的变化情况，从而判断其增长或缩减的趋势，这有助于企业了解人工成本的总体变化情况。

例如，某施工企业近年来的人工成本总额数据见表 5-4。

表 5-4　　　　　　某施工企业近年来的人工成本总额数据　　　　（单位：万元）

年份	人工成本总额
2020	1200
2021	1350
2022	1500
2023	1650

从上述数据可以看出，该企业的人工成本总额在逐年增长。进一步分析，可以计算出每年的增长率：

$$2021 \text{ 年增长率} = (1350-1200)/1200×100\%=12.5\%$$

$$2022 \text{ 年增长率} = (1500-1350)/1350×100\%≈11.1\%$$

$$2023 \text{ 年增长率} = (1650-1500)/1500×100\%=10\%$$

增长率数据表明，虽然人工成本总额在逐年增长，但增长率在逐年下降，这可能意味着企业正在逐步控制人工成本的增长速度。通过观察长期趋势和周期性波动，企业可以制定更合理的人工成本预算和控制策略。

（2）人工成本构成变动。

剖析人工成本各组成部分在总额中占比的变化，揭示其结构上的演变趋势。具体来说，可以分析薪资、福利待遇、社会保险等各项费用在人工成本总额中的占比情况，并观察其随时间的变化趋势。这种分析有助于企业了解人工成本结构的合理性，为优化人工成本结构提供指导。

例如，某企业的人工成本构成主要包括薪资、福利待遇、社会保险等部分，表 5-5 是近两年的数据。

表 5-5 　　　　　　　　　　　某企业近两年人工成本的数据　　　　　　（单位：万元）

年份	薪资	福利待遇	社会保险	人工成本总额
2022	800	300	400	1500
2023	850	350	450	1650

通过分析上述数据，可以得出以下结论：

薪资在人工成本总额中的占比逐年下降，从 2022 年的 53.3%（800/1500）上升到 2023 年的 51.5%（850/1650）。

福利待遇的占比有所上升，从 20% 上升到 21.2%。

社会保险的占比同样有所上升，从 26.7% 上升到 27.3%。

尽管各部分占比的变动幅度不大，但企业仍需关注这种趋势，以确保人工成本结构的合理性。如果某一部分的占比过高，可能需要考虑调整该部分的支出策略。

（3）人工成本效益变动。

结合企业经济效益的各项指标，探讨人工成本投入与产出之间的关系，评估人工成本的效益水平。通过计算人工成本投入产出比、劳动分配率等指标，可以反映人工成本投入的经济效益。

例如，假设某企业的经济效益指标包括营业收入和净利润，表 5-6 是近两年的数据。

表 5-6 　　　　　　　　　某企业近两年营业收入和净利润数据　　　　　（单位：万元）

年份	营业收入	净利润	人工成本总额	人工成本投入产出比	劳动分配率
2022	8000	1200	1500	1500/8000 = 0.1875	1500/1200 = 1.25
2023	9500	1500	1650	1650/9500≈0.1737	1650/1500 = 1.10

人工成本投入产出比反映了企业每投入一元人工成本所能带来的营业收入。从数据可以看出，该比值在逐年下降，说明企业的人工成本效率在提升。

劳动分配率反映了人工成本在企业净利润中的占比。从数据可以看出，该比值也在逐年下降，说明企业的人工成本相对于净利润的占比在降低，人工成本效益在提升。

通过上述分析，企业可以评估人工成本投入的效益水平，并结合企业经济效益的其他指标进行对比分析，以判断人工成本效益的优劣。如果人工成本效益较低，企业可能需要考虑优化人工成本结构、提高员工工作效率或采取其他措施来提升人工成本效益。

2. 结构变动分析

结构指的是在某一总体内部，各部分（或各个组成单位）相对于总体所形成的比例关系。结构分析法则是运用统计分组法的原理，对总体内部各部分的比例关系或构成进行深入分析的一种方法。具体地，结构相对数的计算公式为：

$$结构相对数 = \frac{部分 <各组的总量指标>}{总体 <总体的总量指标>} \times 100\%$$

结构分析在实际应用中具有显著的重要性。它不仅能够揭示总体内部的构成和比例关系，还能够反映事物发展的方向和趋势，甚至揭示其中的规律性。此外，通过结构分析，还可以深入了解内部各组成部分之间的依存和制约关系，以及导致质变发生的数量界限。在人工成本的分析中，结构分析同样发挥着重要作用，它不仅可以计算出人工成本各组成部分在总量中所占的比重，还可以通过观察这些比重的变化情况，来分析各组成部分之间的增减变动，从而评估人工成本各组成部分的合理性和协调性。

（1）不同类型员工人工成本结构。

分析管理人员、技术人员、生产人员等不同类型员工的人工成本结构差异，揭示这些差异对企业人工成本的作用。具体来说，可以比较不同类型员工的薪资水平、福利待遇、社会保险等费用在人工成本中的占比情况，并观察其变化趋势。这有助于企业了解不同类型员工的人工成本特点，为制定针对不同类型员工的薪酬政策和福利方案提供依据。

例如，假设某企业有管理人员、技术人员和生产人员三类员工，其人工成本结构见表 5-7。

表 5-7　　　　　　　　某企业不同类型人工成本结构　　　　（单位：万元）

员工类型	薪资总额	福利待遇总额	社会保险总额	总人工成本
管理人员	500	100	80	680
技术人员	400	80	60	540
生产人员	300	60	40	400

可以计算各类员工的人工成本占比：

管理人员人工成本占比 = 680/(680 + 540 + 400)×100%≈40%

技术人员人工成本占比 = 540/(680 + 540 + 400)×100%≈32%

生产人员人工成本占比 = 400/(680 + 540 + 400)×100%≈28%

（2）不同部门人工成本结构。

对比工程部、经营部、安全部等不同部门的人工成本结构差异，揭示这些差异对企业人工成本的影响。通过计算各部门人工成本占总人工成本的比重，并观察其变化趋势，可以判断各部门人工成本的高低和合理性。这有助于企业了解各部门的人工成本构成情况，为优化部门人工成本、提高部门效益提供指导。

例如，假设某企业有工程部、经营部和安全部三个部门，其人工成本结构见表 5-8。

表 5-8   某企业不同部门人工成本结构   （单位：万元）

部门	薪资总额	福利待遇总额	社会保险总额	总人工成本
工程部	600	120	90	810
经营部	450	90	70	610
安全部	150	30	20	200

可以计算各部门的人工成本占比：

工程部人工成本占比 = 810/(810 + 610 + 200)×100%≈50%

经营部人工成本占比 = 610/(810 + 610 + 200)×100%≈38%

安全部人工成本占比 = 200/(810 + 610 + 200)×100%≈12%

（3）不同地区人工成本结构。

探讨城市、农村及不同地区间人工成本结构的差异，揭示这些地域差异对企业人工成本的作用。这有助于企业根据不同地区的市场环境和经济条件，制定适应性强的人工成本策略。

例如，假设某企业在城市和农村都有建设项目，其人工成本结构见表 5-9。

表 5-9   某企业不同地区人工成本结构   （单位：万元）

地区	薪资总额	福利待遇总额	社会保险总额	总人工成本
城市	800	160	120	1080
农村	400	80	60	540

可以计算各地区的人工成本占比：

城市人工成本占比 = 1080/(1080+540)×100%≈67%

农村人工成本占比 = 540/(1080+540)×100%≈33%

（4）不同用工形式人工成本结构。

分析全职、兼职、临时等不同用工形式的人工成本结构差异，为企业提供优化用工形式的参考。这有助于企业根据业务需求和市场变化，灵活调整用工形式，降低人工成本，提高用工效率。

例如，假设某企业有全职、兼职和临时三种用工形式，其人工成本结构见表 5-10。

表 5-10　　　　　　　　某企业不同用工形式人工成本结构数据　　　　（单位：万元）

用工形式	薪资总额	福利待遇总额	社会保险总额	总人工成本
全职	900	180	130	1210
兼职	300	60	40	400
临时	100	20	10	130

可以计算各用工形式的人工成本占比：

全职人工成本占比 = 1210 / (1210 + 400 + 130)×100%≈76%

兼职人工成本占比 = 400 / (1210 + 400 + 130)×100%≈25%

临时人工成本占比 = 130 / (1210 + 400 + 130)×100%≈9%

3. 因素分析

任何事物的发展都是各种因素在起作用，人工成本的发展变化也同样是各种因素起作用的结果，但主要是员工人数和平均人工成本水平的影响。

在分析时，一般将员工人数视为数量因素，平均人工成本水平视为质量因素。由于人工成本总额是平均人工成本与从业人员平均人数之积，这样人工成本总额指数也就是平均人工成本指数与从业人员平均人数指数之积，即

$$\frac{L_1}{L_0} = \frac{C_1}{C_0} \times \frac{W_1}{W_0} = \frac{W_1 C_0}{W_0 C_0} \times \frac{W_1 C_1}{W_1 C_0}$$

在此公式中，L_1 是指报告期人工成本总额；L_0 是指基期人工成本总额；C_1 是指报告期平均人工成本；C_0 是指基期平均人工成本；W_1 是指报告期从业人员平均人数；W_0 是指基期从业人员平均人数。

这样，从业人员平均人数变动对人工成本变动的影响程度为 $\dfrac{W_1 C_0}{W_0 C_0}$。

通过因素分析，可以明确人工成本变动的具体原因是员工人数的增减还是平均人工成本的升降，这有助于项目经理制定针对性的成本控制措施。例如，如果发现人工成本增加主要是由于员工人数增加，而项目预算有限，那么可以考虑通过优化工作流程、提高生产效率来减少不必要的员工，或者通过外包部分工作来降低成本，还能帮助项目经理更好地优化资源配置。通过比较不同部门、不同岗位的人工成本，可以识别出哪些部门或岗位的人工成本过高，哪些部门或岗位的人工成本相对较低，但效率较高。这有助于项目经理在资源分配上做出更加合理的决策，将资源更多地投入到高效益的部门或岗位上，从而提高整体项目的效益。

举例来说，假设有一个建筑公司，负责一个火力发电厂的建设项目，该项目从 2022 年开始（基期），计划在 2023 年（报告期）完成。首先分析从 2022 年到 2023 年，人工成本总额的变化以及这种变化是如何受到员工人数和平均人工成本水平的影响的，其数据设定见表 5-11。

表 5-11　　　某建筑公司 2022—2023 年人工成本相关数据变化

时间	平均人工成本（C_0）	从业人员平均人数（W_0）	人工成本总额（L_0）
基期（2022 年）	5000 元 /（人·月）	100 人	5000 元 /（人·月）× 100 人 = 500 000 元 / 月
时间	平均人工成本（C_1）	从业人员平均人数（W_1）	人工成本总额（L_1）
报告期（2023 年）	5500 元 /（人·月）（由于工资上涨）	120 人（由于项目规模扩大，招聘了更多员工）	？

计算过程：

计算人工成本总额（L_1）：

$$L_1 = C_1 \times W_1 = 5500 \text{元} /(\text{人·月}) \times 120 \text{人} = 660\,000 \text{元} / \text{月}$$

计算人工成本总额指数：

$$\frac{L_1}{L_0} = \frac{660\,000}{500\,000} = 1.32$$

计算平均人工成本指数和从业人员平均人数指数：

$$\frac{C_1}{C_0} = \frac{5500}{5000} = 1.1$$

$$\frac{W_1}{W_0} = \frac{120}{100} = 1.2$$

验证公式：

$$\frac{L_1}{L_0}=\frac{C_1}{C_0}\times\frac{W_1}{W_0}=1.1\times1.2=1.32$$

计算从业人员平均人数变动对人工成本变动的影响程度：

$$\frac{W_1C_0}{W_0C_0}=\frac{120\times5000}{100\times5000}=1.2$$

根据以上计算可知，从 2022 年到 2023 年，人工成本总额增加了 32%（从 500 000 元到 660 000 元）。

这种增加是由两个因素共同作用的，即平均人工成本上涨了 10%（从 5000 元到 5500 元），从业人员平均人数增加了 20%（从 100 人到 120 人）。

特别是，从业人员平均人数的增加对人工成本总额的增加产生了 1.2 倍的影响（即从业人员平均人数 20% 的增长导致了人工成本总额 20% 的增长，但由于与平均人工成本的乘积效应，实际增长更高）。

5.3.2　成本异常预警与调整策略

在进行成本深度分析之后，若发现数据与预算偏差较大或数据走向异常时应采取措施及时处理。为了能及时应对人工成本异常问题，公司建立成本异常预警制度。成本异常预警制度通过设定阈值和分级处置流程，能在第一时间发现并响应成本异常，避免损失扩大。根据预警信息，企业迅速制定并执行针对性的成本调整策略，确保成本回归合理水平。

1. 成本异常预警制度

为了更深入地强化工程项目过程成本管理，确保对项目成本状况的全面把控，通过实时追踪并预先警示影响工程实施成本的相关指标，基于公司现行的工程项目管理实践，制定成本预警机制，以此推动项目成本管理能力的进步。此机制对那些通过预警等级评估被识别为异常的指标采取预警管理措施，旨在有效规避成本控制中的潜在风险，进而提升整个项目的成本管理能力的一系列管理举措。

（1）预警原则。

1）全范围监控。集团公司所属未竣工决算（结算）的工程承包项目均纳入监控预警范围。

2）多指标监控原则。对影响成本的各项因素，设立对应指标，进行多维度的监控。

3）分级预警原则。按层级根据各项管理指标的不同影响程度，设立不同预警等级，这里的等级有不同的分类，可以由低到高分为一级、二级、三级预警，还可以按照颜色分级，比如由低到高分为白色、蓝色、黄色、橙色和红色五个等级，分级数量可以按照实际情况自行设定，此处示例由低到高分为黄色、橙色和红色三个等级。

4）分级处置原则。按照工程项目不同的预警等级，实施分级预警处置。此处示例，集团公司主要对红色预警项目实施预警处置，分公司对橙色预警项目和黄色预警项目实施预警处置。

（2）各级监控预警职责。

1）集团公司。对红色、橙色预警项目及黄色预警项目中的重点项目进行监控分析，必要时实施现场督导检查，并配合股份公司对红色预警项目进行相关检查。

2）工程公司。负责对全部预警项目进行监控分析、现场督导检查，并配合上级实施相关检查督导。

3）项目部。定期组织项目经济运行情况分析，及时上报项目预警情况，配合上级督导检查，落实整改措施。项目经理是预警、整改第一责任人。

（3）等级划分。

工程项目根据监控及预警指标的风险大小进行预警等级划分，此处示例预警等级由高到低分三个等级，分别为红色预警、橙色预警和黄色预警。当任何一项监控指标达到预警条件后，即启动相应级别的预警。具体划分内容见表 5-12。

表 5-12　　　　　　工程项目成本风险等级及预警响应层级划分

偏差级别	小偏差	中度偏差	大偏差
预警等级划分	黄色	橙色	红色
主要负责单位	项目部	工程公司	集团公司
预警提示方式	数据标黄色，以信息形式传达到项目经理和成本管理人员	数据标橙色，以信息形式传达到所有相关人员，并上报工程公司	数据标红色，以信息形式传达到所有相关人员，并上报集团公司
纠偏方案	项目部制定改进计划并上报工程公司，工程公司督导检查	工程公司介入制订改进计划并上报集团公司，提供全程指导	集团公司介入制订改进计划，并提供全程指导

（4）监控及预警程序。

1）设定指标。按照集团公司各业务部门制定的监控指标及预警界值。

2）逐级上报。项目部按要求对以下三种预警情形填写项目预警报告单，上报至分公司牵头部门，分公司按要求上报至集团公司。

① 项目部根据智慧工程系统相关数据、月度核算、季度经济活动分析结果或其他管理情况，对首次出现预警的情况进行填报。

② 当项目成本问题新增或达到上一预警等级后，项目部在 24h 内完成填报。

③ 上级单位检查时发现的问题，由项目部列入相应预警范围，并在 24h 内完成填报。

3）及时发布。牵头部门负责向预警指标异常的业务部门发布项目预警信息。经济管理部以部门联络函的形式向相关部门发布预警信息。

4）现场督导。业务部门收到预警信息后，由预警指标异常的业务部门组织成立现场督导组，进行现场督导检查，编制项目预警处置单，跟踪整改落实。

5）及时整改。项目部针对工程项目在成本管理中在的问题，认真分析，制定措施，加强管理，全面落实现场督导组提出的整改措施和建议，直至整改至正常范围。

（5）监控预警分级应对。

1）黄色预警应对。工程项目触发黄色预警信号后，项目部需即刻开展自检自查，加强预防措施或规划改进策略，并在七日内提交相关报告。整改行动需同步进行，并需每月上报整改进度，直至预警解除。分公司则依据预警详情，于 1 个月内派遣现场督导小组实地指导与核查，编制预警处理总结，并确保项目在规定时限内完成整改。此外，分公司需按季度向集团公司上报项目预警总览及预警处理汇总。集团公司将对处置情况进行不定期抽检。

2）橙色预警应对。一旦工程项目触发橙色预警，分公司将迅速采取行动，对项目进行督导审查，并协助项目部剖析问题，优化预防措施或制订改进方案，同样需在七日内提交报告。分公司将编制预警处理总结，跟踪并监督项目整改进度，直至预警解除或降级，这期间项目部需每月提交整改进度报告。分公司还需按季度向集团公司提交预警总览及处理汇总。集团公司将针对橙色预警项目实施重点抽检与跟踪整改。

3）红色预警应对。工程项目触发红色预警时，集团公司将立即介入，对分公司及项目部进行全面督导检查，并指导其分析问题，完善预防措施或制订改进方案，要求一周内完成报告编制。集团公司将编制预警处理总结，跟踪并监督项目在规定时间内完成整改。同时，集团公司将督促分公司及项目部每月提交整改进度报告，直至预警解除或降级。

（6）监控及预警解除或等级调整。

当成本偏差的预警指标降至本级所设定的最低界限以下时，预警等级会自动下调或撤销；相反，如果这些指标回升至上一预警等级设定的最低界限，预警等级则会相应提升。

2. 成本异常调整策略

面对人工成本异常的情况，运用 PDCA（Plan-Do-Check-Action）循环作为一种高效的管理策略，能够助力企业有条不紊地识别问题根源、策划解决方案、监控实施成效，并推动持续改进。在这一过程中，制定针对成本异常的制度与预算编制构成了 Plan（计划）阶段的核心内容；项目具体执行时的成本分析工作则对应于 Do（执行）环节；Check（检查）阶段则聚焦于通过预警机制迅速识别问题并深入分析其原因；最后，Action（处理）阶段涉及的是及时总结经验教训、采取针对性的调整措施，并确保持续改进的实现。

（1）分析原因。

收到预警后，相关人员应立即对预警进行调查和分析，找出导致问题的根本原因。这一步是至关重要的，因为它有助于制定有效的应对措施。表 5-13 是可能导致预警产生的原因。

表 5-13 预警产生的原因

因素类别		预警产生原因
项目管理因素	估算不准确	项目初期的人工成本估算常依据历史数据和预设条件进行，但因项目自身的复杂性和未知变量的干扰，初步估算往往不够精确，可能造成实际成本超出预期
	资源分配失衡	当项目资源分配不合理，可能出现员工过载或闲置现象，这两种情况都会推高人工成本
	不必要的范围变更	尽管项目范围的调整无法避免，但管理不当会导致额外工作量，进而增加人工成本
	培训不充分	团队成员若未得到足够培训，可能难以高效执行任务，导致项目延期和成本增加
	低效的工作流程	缺乏标准化工作流程会降低工作效率，进而增加人工成本
	沟通机制失效	沟通不畅常导致误解和重复工作，进而增加人工成本
	缺乏实时监控	未能及时识别和解决问题，小问题可能逐渐恶化，最终造成成本超支
市场环境因素	物价上涨	物价普遍上扬会直接导致包括工资、福利在内的劳动力成本增加
	劳动力资源短缺	劳动力资源不足会推高劳动力价格，企业为吸引和留住人才需支付更高薪酬

续表

因素类别		预警产生原因
其他因素	工人维权意识增强	工人维权意识的增强可能导致劳动争议和纠纷增多，增加项目中的额外损失和成本
	技术壁垒和异常行为	在招标采购等环节，技术壁垒或异常行为（如泄露标底、技术不合格导致废标等）也可能提高项目成本

（2）制定和实施应对措施。

基于预警原因的分析结果，制定相应的应对措施，见表 5-14。这些措施应旨在消除问题根源，防止问题再次发生。在实施过程中，需持续监控以验证措施的有效性。

表 5-14　　　　　　　　　预警产生原因的相应应对措施

因素类别	原因	应对措施
项目管理因素	估算不准确	利用智慧工程系统中的历史数据和预测模型进行更为准确的成本估算
	资源分配失衡	智慧工程系统提供的实时资源视图有助于项目管理人员更合理地规划人力资源。通过均衡任务分配，提升团队效率，并有效减少不必要的加班开支
	不必要的范围变更	首先需明确项目范围，剔除超出原计划的部分，对非关键任务或功能进行削减或延期处理。随后，根据新的项目范围重新评估人力资源需求，确保资源得到合理分配
	培训不充分	内部培训。定期组织员工技能培训，提升其专业能力和综合素质，提高工作效率，减少因技能不足导致的错误和返工
		绩效激励。构建科学的绩效考核体系，通过奖励、晋升等方式激发员工的工作积极性，提升工作质量
	低效的工作流程	流程优化。对现有工作流程进行深入分析，剔除低效和冗余环节，通过流程再造提升整体工作效率
		引入新技术或工具。考虑采用自动化软件、智能设备等新技术手段，降低人力成本，提高工作效率。智慧工程系统提供的模板化流程设置有助于团队成员遵循最佳实践，减少重复劳动
	沟通机制失效	利用智慧工程系统的沟通工具促进团队成员间的信息共享，及时更新项目状态，确保所有参与者都能获取最新的项目文档和进度报告
	缺乏实时监控	借助智慧工程管理系统对项目进度、资源使用情况和成本支出进行实时监控。通过数据分析工具对人工成本进行细致分析，预测潜在的成本超支风险，并提前采取调整措施

因素类别	原因	应对措施
市场环境因素	物价上涨	密切关注市场物价变化，适时调整项目预算和成本估算。建立定期成本审查机制，确保成本控制在预算范围内，并根据项目进展和市场变化适时调整人工成本预算
	劳动力资源短缺	灵活用工。根据项目需求波动，采用兼职、临时工等灵活用工方式，减少固定成本支出
		外包非核心业务。将非核心业务外包给专业公司，利用外部资源降低成本，同时确保核心业务的质量和效率
		加强人才培养和引进。提高员工福利待遇，增强企业吸引力
其他因素	工人维权意识增强	加强法律意识和合同管理。确保与工人的权益得到合理保障，减少纠纷的发生
		合理安排作息时间。确保员工有足够的休息时间，避免因疲劳导致的效率下降和错误发生
	技术壁垒和异常行为	加强招标采购管理，确保招标采购过程公开、公平、公正

（3）反馈与调整。

在预警及应对措施得以执行之后，需搜集反馈信息，以评估这些措施的实际成效。若措施成效显著，则可考虑将其融入常规操作流程；反之，若措施未能达到预期效果，则需针对预警机制或应对方案进行相应的调整与优化。

（4）持续改进。

鉴于工程项目本身的动态性，随着项目的逐步深入，可能会面临新的难题与风险。因此，预警系统应定期进行审查和更新，以确保其能实时准确地反映项目的当前状况，为项目的顺利进行提供坚实保障。

第 6 章

基于人工成本动态监测的决策支持

在大数据时代背景下，智慧工程系统等先进技术的应用为人工成本管理带来了革命性的变革。这些技术不仅能够高效地收集和处理海量数据，还能通过高级分析工具对数据进行深度挖掘与解析，从而提供更加精准的决策支持。特别是在人工成本监控方面，智慧工程系统能够实时追踪劳动力使用情况、工时记录以及相关费用支出，实现对人工成本数据的动态监测与分析。基于此，企业管理者可以及时调整资源配置，优化工作流程，及时调整人工成本，进而提升项目的整体经济效益和市场竞争力。此外，通过对历史数据的积累与学习，大数据系统还能预测未来趋势，为企业长期发展规划提供科学依据。

6.1 基于人工成本动态监测的决策支持框架

在大数据背景下，实现人工成本精细化管理对于增加企业利润具有重要意义。利用大数据技术，不仅可以实现对人工成本的动态监测，还可以对大数据环境下人工成本管理中存在的问题进行剖析。从优化流程、合理制定投标报价，改善人员调配等方面提出决策。

6.1.1 人工成本动态监测的决策点分析

对于电力施工企业的人工成本管理来说，决策点的准确识别和分析是实现成本优化的关键。正确的决策点可以帮助企业在关键时刻做出有效的成本控制决策。例如，在招投标阶段确定合理的报价策略，在施工过程中调整人力资源配置等。

1. 招投标过程中的成本预算

招投标阶段是工程项目管理中至关重要的环节，它直接决定了项目是否能够实现盈利目标。在这一关键阶段，准确的成本预算对于制定具有竞争力的投标策略具有决定性作用。人工成本作为项目总成本中占据显著比例的一部分，其预算的准确性不仅影响到投标报价的合理性，更关乎企业能否在激烈的市场竞争中脱颖而出。企业需要结合内部数据和外部行情进行全面细致的预估，同时，企业还需要考虑潜在的风险因素，如劳动力市场的波动、政策法规的变化等，这些因素都可能对人工成本产生重大影响。因此，在成本估算过程中，企业需要保持高度的敏感性和预见性，以应对可能出现的风险和挑战。

在招投标阶段，决策点的识别与分析对于确保项目利润和成功中标同样至关重要。主要决策点包括规范投标流程、合理的成本预算以及对合同的深入探讨等。通过对这些决策点的深入分析和精准把控，企业可以在保证项目可行性的同时，最大化利润空间。规范的报价流程有助于企业提高报价效率和准确性，减少不必要的失误和遗漏；准确的市场调研则使企业能够更好地了解市场需求和竞争态势，为制定投标策略提供有力支持；合理的成本预算则确保了企业在控制成本的前提下，实现项目的盈利目标；而对合同的深入探讨则有助于企业明确双方的权利和义务，降低合同风险，保障项目的顺利进行。

2. 施工过程中的成本控制策略

在施工过程中，成本控制是确保项目能够按照既定预算顺利推进的关键因素之一。尤其是在人工成本方面，由于劳动力费用往往占据了总成本的很大一部分，因此对其实施有效管理显得尤为重要。为了实现这一目标，企业应该积极采用智慧工程系统技术来优化现场管理流程，提高整体工作效率和经济效益。

利用智慧工程系统，企业可以对施工现场进行全面而细致的数字化监控。具体来说，这套系统能够实时收集每位员工的工作时长数据，据此调整人员配置策略，避免出现人力资源浪费的情况。此外，智慧工程的实时监测功能还可以捕捉施工现场的画面，识别出可能存在安全隐患的行为模式或者低效的操作方式。据此，企业就能及时发现问题所在，采取相应措施加以改进，例如提供技能培训等，从而提升整个项目组的专业水平和协作效率。

在施工过程中，关键的决策点包括人力资源的配置优化、施工流程的优化，通过人本成本变更为企业实现二次创收等。例如，根据项目进度和实际工作量调整工人数量，可以避免过度或不足的人力投入。

6.1.2 人工成本动态监测的决策支持逻辑

随着信息技术的飞速发展，数据库与智慧工程系统的结合为传统的人工成本分析方法带来了革命性的变革。这些技术不仅优化了招投标阶段的决策流程，还显著提升了施工阶段的成本管理效率。企业可以利用数据库和智慧工程系统来辅助招投标阶段和施工阶段的相关决策，具体内容如图6-1所示。

数据库能够实现对企业内外部人工成本相关信息的全面收集与整合，从而更加精确地掌握市场动态和自身成本结构，从而在招投标阶段制定出更具竞争力的投标报价策略。此外，数据库还能帮助企业破除投标流程过程中的信息隔阂，优化投标流程，还能对合同条款进行精细化管理，降低法律风险。

智慧工程系统则进一步扩展了数据库的功能，特别是在施工现场的信息采集与处理方面。利用物联网等先进技术，智慧工程系统能够实时监控施工现场的各种参数，并将这些信息即时反馈至数据库中。这种实时数据更新机制使得项目管理团队能够快速响应现场变化，及时调整人力资源配置和施工现场的管理工作。

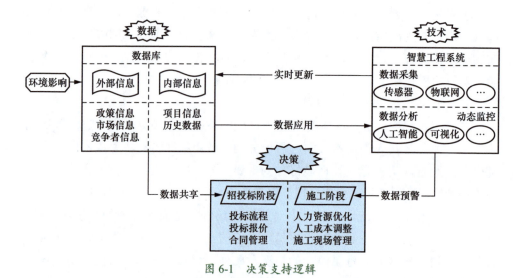

图 6-1　决策支持逻辑

综上所述，数据库与智慧工程系统的融合应用极大地提升了企业在人工成本管理方面的智能化水平。这不仅有助于企业在激烈的市场竞争中保持优势，也为企业的长远发展奠定了坚实的基础。

6.2　招投标阶段基于成本动态监测的策略优化

招投标阶段是项目实施的重要起点。在这一阶段，施工企业需要对项目的各个方面进行全面的评估和规划，以确保项目能够按预算执行并实现预期的经济效益。然而，由于劳动力市场环境、相关政策法规以及项目本身复杂性的影响，人工成本控制成为一项极具挑战性的任务。为了应对这些挑战，施工企业需要在招投标阶段引入成本动态监测策略，以实时跟踪和调整项目成本，确保项目能够在预算范围内顺利完成。

6.2.1　优化投标流程

优化投标流程是提升企业竞争力、实现可持续发展的关键策略之一。一个高效、透明且迅速响应的投标流程不仅能够显著提高中标率，还可以有效控制和降低人工成本。然而，传统投标流程往往存在信息不对称、操作烦琐及周期长等问题，严重影响了效率与效果。因此，探索并实施一系列创新措施来简化流程、加速决策过程，对于企业而言是至关重要的。

1. 投标流程中存在的问题

（1）流程复杂冗长。

企业的招投标过程往往会涉及多个部门和环节，这种冗长的程序不仅延长了决策周期，还导致企业在面临紧急项目时响应速度缓慢。由于流程过于复杂，企业可能错过最佳投标时机，从而失去潜在的商业机会。

（2）信息不对称。

在当今信息爆炸的时代，信息的获取和流通对于企业来说至关重要。然而，由于信息渠道不畅或信息披露不充分，许多企业往往无法及时掌握最新的招标信息。这种信息的滞后性导致企业在市场竞争中处于不利地位。

（3）缺乏标准化操作。

在企业的日常运营中，不同项目和不同人员可能会采用不同的处理方式。这种多样性虽然在一定程度上体现了企业的灵活性和创新性，但同时也带来了管理上的混乱和执行上的偏差。由于缺乏统一的标准和流程，各部门之间的协作变得困难，决策的执行效果也大打折扣。

（4）监管不到位。

在企业运营过程中，一个健全的内部监管机制是确保企业合规经营、维护企业形象和信誉的关键。然而，当企业内部监管机制不健全时，违规行为往往难以得到有效遏制。这不仅可能导致企业的经济损失，更会对企业的声誉造成严重损害。

2. 投标流程优化策略

（1）流程标准化管理。

优化投标流程的关键在于提高流程效率，减少不必要的人工投入。为了实现这一目标，制定统一的投标流程标准显得尤为重要。通过确立一套标准化的操作流程，每个步骤都有明确的操作指南和时间限制，这不仅有助于规范员工行为，还能显著减少员工在准备投标文件时的重复劳动。此外，借助标准化模板和自动化工具，可以进一步简化投标文件的准备过程，降低人为错误率，提高工作效率。这些措施共同作用下，不仅能够提升整体流程的效率，还能有效减少人工成本费用，为企业创造更大的经济效益。

（2）提高人员管理效率。

定期组织相关员工参加业务培训活动，结合企业不断更新的投标资料，不断拓宽培训范围，丰富培训内容。同时，还应该定期考核参训人员的培训成果，以不断提高员工的业务能力。设立奖励机制，激励员工及时发现投标流程中存在的问题，主动提出优化建议。将员工的工作能力和绩效考评相结合，以激发其工作热情，促使其提高工作效率。

（3）消除信息隔阂。

1）强化数据库应用功能。通过数据库对外部环境信息进行筛选和分析，快速识别有价值的招标机会，这不仅可以提高信息处理效率，还可以降低人工筛选的成本。同时，这种自动化的处理方式不仅提高了信息处理的效率，还确保了信息的准确性和及时性。此外，企业还可以通过数据库对招标历史数据进行挖掘和分析，发现潜在的市场趋势和规律，为企业的战略决策提供有力支持。

2）加强内部沟通与协作。企业所建立的数据库，不仅可以实现信息的实时更新，还可以实现部门之间的信息共享，从而确保了各部门之间的协同作战。这种协作方式有助于减少重复劳动，提高整体工作效率。

（4）强化风险管理工作。

制定详细的投标流程监管政策，明确各部门的职责和权限，确保监管工作的全面性和有效性。在大数据技术的加持下，强化风险识别功能，定期对企业面临的内外部投标风险进行评估，实时更新风险信息，设立风险预警指标体系，当某些指标达到预警值时，及时启动应急预案，防止风险扩大。

6.2.2　完善投标报价

工程项目投标在本质上是一种市场交易行为，而投标决策就是这一行为引导下的行业竞争。在这个过程中，业主不仅关注报价的高低，还会综合评估投标者的综合素质。因此，企业在参与投标时，不仅要深入了解市场发展的动态和趋势，明确业主的基本需求和期望，同时还需对竞争对手进行全面分析，以便制定出具有竞争力的投标报价策略。这一过程要求企业具备敏锐的市场洞察力、专业的技术能力和丰富的成本管理经验，以确保在激烈的市场竞争中脱颖而出。PDCA 循环理论是一种动态循环管理模式，将 PDCA 循环用到基于大数据的人工成本精细化管理当中，可以优化管理结构，构建高效的人工成本管理体系。

1. 做好投标准备

投标的前期准备工作包含的要素有很多，主要有项目性质、规模等。一个高明的企业领导，需要对本企业的优势和实际操作水平了如指掌，要通过对项目各种条件的认真分析，权衡利弊，制定合理的投标报价策略。例如：根据项目的具体需求和复杂度，合理预估所需的人力资源投入，避免过度或不足的人力资源配置导致成本浪费或项目延误。

2.　进行市场调研

（1）市场趋势分析。

市场趋势分析是市场调研中的首要任务。企业需要密切关注行业内的薪酬水平和劳动力市场动态，确保企业的人工成本报价既具有竞争力，又能符合市场实际情况。结合成本数据库收集到的市场信息（包括历史招投标数据、政府发布的信息以及行业动态等），利用智慧工程系统的预测功能，可以帮助企业预测未来市场的走向。根据这一智能化做法，企业可以及时调整自己的投标报价策略，以适应市场的变化。

（2）竞争对手分析。

要分析潜在竞争力，首先要对企业的内部资源和能力进行全面评估。这包括企业的技术水平、管理水平、人才储备等方面。对竞争对手的投标策略、投标行为、价格等进行深入监测和分析，进行横向比较是市场调研的另一重要内容。

通过了解竞争对手的优势和劣势，企业可以提前预知潜在竞争对手的投标策略，从而制定更为有效的应对措施。例如，如果发现某一竞争对手在人工成本控制方面表现出色且整体报价合理，那么企业应该在投标报价制定的过程中注重优化自身的人成本结构，提高操作效率，以保持竞争力。

（3）人工成本分析。

在制定投标报价的过程中，企业需要对同类项目的人工成本单价进行详细对比。通过利用人工成本数据库中的历史数据，估算出本项目的人工成本。通过对工人工资、福利待遇、培训费用等各项人工相关支出进行全面评估，为制定出更加具有竞争力的投标报价提供科学依据。

（4）历史数据分析。

对过去类似项目的投标报价进行分析也是市场调研的一部分。对比自身过去参与的类似项目或行业内的历史数据，进行纵向比较，观察成本等方面的变化规律。通过对历史中标案例的学习，企业可以预估项目成本，制定出更具竞争力的报价策略。

（5）新工艺和新技术的分析。

新工艺和新技术可以提高生产效率。通过引入先进的生产设备和技术，企业可以实现生产过程的自动化、智能化，减少人工操作环节，提高生产效率。此外，智能制造技术可以实现生产过程的实时监控和数据分析，帮助企业优化生产流程，减少浪费，提高生产效率。

新工艺和新技术可以提高产品质量。通过采用新的生产工艺和技术，企业可以提高产品的精度和稳定性，降低不良品率。这不仅可以减少原材料的浪费，还可以降低返修成本，从而降低人工成本。同时，高质量的产品可以提高企业的市场竞争力，为企业带来更多的利润。

新工艺和新技术可以提高人力资源的利用效率。通过培训和引进高素质的人才，企业可以提高员工的技能水平，从而提高生产效率。此外，通过采用灵活的工作制度和激励机制，企业可以激发员工的积极性和创造力，提高员工的工作效率。

3. 人工成本投标报价策略

（1）基于成本效益分析。

对项目所需要的所有直接和间接人工成本进行详细的预算，评估项目完成后可能带来的收益，运用成本效益分析方法，权衡人工成本投入与预期收益之间的关系，确保投标方案的经济合理性。

（2）灵活调整定价策略。

根据项目特点和竞争对手情况，灵活调整人工成本的报价策略，如采用固定单价、可调单价等不同形式。

（3）考虑风险因素。

考虑人工成本可能的波动，企业在制定投标报价时应预留一定的价格波动空间，以应对未来可能出现的人工成本上升。

（4）利用 PDCA 循环理论。

企业可以将 PDCA 循环利用到制定投标报价的过程中，即合理制定人工成本预算（计划 P），认真做好投标各阶段的工作（执行 D），分析对比自己和对手在投标过程中的利弊（检查 C），及时总结经验教训（改进 A）。

6.2.3 提升合同管理

大数据技术不仅可以帮助企业更好地制定投标报价，还可以支撑合同管理工作的开展，极大程度上能够预防合同签订和履行过程的风险，减少不必要的纠纷，从而更好地维护企业自身权益。

1. 合同管理风险

（1）合同条款不明确。

不明确的合同条款容易引发合同双方对权利和义务的不同理解，从而导致争议和纠纷。例如，如果合同中关于工期、里程碑等项目信息的规定不明确，可能会导致项目进度的延误。这种延误不仅会影响项目的按时交付，还可能导致违约责任的产生，增加企业的赔偿风险。此外，不明确的合同条款可能导致在项目实施过程中出现额外的工作量或者项目变更，这往往会引起成本调整。如果合同中没有明确的变更管理流程和费用承担机制，施工企业可能需要承担这些额外成本，此时企业可能会面临项目预算超支的风险。

（2）风险分配不合理。

当合同中风险分配不合理时，施工企业可能会面临一系列严重的风险和挑战，这不仅会威胁到项目的顺利进行，还可能对企业的成本管理造成负面影响。

如果合同中将过多的风险转移给施工企业，比如，当项目所处的外部环境发生变化时（例如，劳动力价格上涨等），可能会导致成本增加。这种情况下，施工企业可能需要投入额外的人工成本来应对这些风险，增加了企业的财务压力。

不合理的风险分配还可能会导致项目进度延误。例如，如果合同规定所有由于设计变更所引起的工期延误由企业负责，而这些变更是由业主频繁提出或决策迟缓造成的，这将导致企业承受不必要的时间压力，进而影响整个项目的进度。

为了应对这些风险，施工企业在签订合同时应仔细审查风险分配条款，确保风险的合理分配。

2. 合同执行监控

通过大数据技术实时采集和分析工程项目的数据，企业可以更精准地掌握工程进度、成本支出等关键信息。为了确保合同条款的严格执行，企业应设立专门的合同管理部门，利用大数据分析工具对合同执行情况进行监督，及时发现并解决问题。此外，企业还应建立完善的合同档案管理系统，运用大数据技术对合同进行分类、归档和保管，实现合同信息的数字化管理，以便随时查阅和使用。

此外，在合同执行过程中，企业应注重风险管理，预防可能出现的问题。这包括对项目进行风险评估，制定相应的风险应对策略；对合作伙伴进行持续评估，确保其具备履行合同的能力；对合同条款进行定期审查，及时调整不适应实际情况的条款等。通过有效的风险管理，企业可以降低合同执行过程中的风险，提高项目的成功率。

6.3　施工阶段基于成本动态监测的决策调整

在大数据时代背景下，施工阶段的成本管理已不再仅仅依赖于传统的经验和直觉判断，而是通过借助先进的智慧工程系统来实现更加精准、高效的决策调整。通过智慧工程系统实时收集和分析海量现场人工数据，企业能够对人工成本进行动态监测，从而更加精准地把握施工现场的情况，及时发现并解决潜在的问题。这种基于大数据的动态监测不仅提高了决策的效率，还为优化人力资源配置、实现施工流程管理、进行人工成本变更提供了有力支持。

6.3.1　基于实时监测的人力资源优化

科技是第一生产力，人才是第一资源，创新是第一动力。大数据时代的到来为企业的人力资源管理带来了无限的可能性。对于企业来说，必须具备创新的、前瞻性的人力资源管理思维，将大数据技术视为推动组织长远发展的核心驱动力，实现人力资源管理和大数据技术的有机融合。利用智慧工程系统可以实时监测现场员工的工作能力以及工作时间等。基于此，企业可以更加合理地安排施工现场时间，避免出现人员闲置的情况。同时，通过持续提升施工人员的技术水平和工作效率，来降低人工成本，实现人力资源的高效利用。

1. 现场人员准备工作

在现代工程项目管理中，智慧工程系统的应用为企业提供了强大的数据支持和分析工具，使得人力资源管理更加科学、高效。

（1）员工信息收集。

企业通过智慧工程系统全面收集员工的基本信息和能力素质数据，基于这些数据进行深入分析，制订出符合企业发展需求的人才规划方案和目标。这不仅有助于准确了解员工的工作能力和需求，还能为施工现场的人员调配提供坚实的数据支持。

（2）员工招聘与选拔。

在招聘与选拔阶段，数据分析技术的应用使得企业能够更精准地识别和筛选出符合岗位需求的候选人。通过分析历史招聘数据和员工绩效记录等信息，企业可以建立起一套科学有效的评估体系，快速找到最合适的人选。同时，对于现有员工的管理与发展而言，基于大数据的分析同样具有重要意义。通过智慧工程系统实时监控员工在施工现场的工作表现，管理者能够更全面客观地认识到员工与岗位的适配度，并据此制订个性化的成长计划或调整团队结构。

（3）员工培训。

施工人员的技能培训工作也是提升工程项目质量与安全的关键。企业必须重视并加强对施工人员的技能培训工作，以提升他们的操作技能和安全意识。通过智慧工程系统实时收集员工的绩效考核数据，企业能够有针对性地开展培训工作，制订个性化的培训计划，确保每位员工都能得到所需的技能提升和知识更新。这样的培训不仅有助于提高员工的个人能力，还能增强整个团队的协作效率，从而在保证工程质量和安全的前提下，有效降低人工成本，实现企业经济效益的最大化。

（4）员工绩效评价。

在企业成本管理中，绩效评价机制已经成为企业提升管理效率、激发员工潜能的关键环节。传统的绩效评价方法往往依赖于管理者或同事的个人主观判断，这种方法存在诸多弊端。为了克服这些局限性，基于智慧工程系统数据支持下的绩效评估与激励机制就是一种有效的解决方案。智慧工程系统对现场工人工作表现的实时监控使得企业可以更准确地衡量每位员工的实际工作表现及其对企业目标实现所做出的具体贡献。此外，基于智慧工程系统的绩效评估还可以帮助企业建立更为合理的激励制度，根据不同岗位的特点和个人的表现情况制定差异化的奖励措施，如奖金分配、晋升机会等，从而更好地调动员工的积极性和创造性。同时，这种以数据说话的方式也有利于营造一个公平竞争的工作氛围，增强团队凝聚力。

2. 现场人员配置

施工现场的人员调配是确保项目顺利进行的关键环节之一，它不仅关系到施工效率的提升，还直接影响到人工成本的控制。有效的人员配置能够促进资源的最佳利用，避免人力资源浪费，同时保证工程质量与安全。

（1）基于项目特点的人员配置。

根据工程项目的具体特点确定所需的劳动力类型、数量以及技能水平。利用数据挖掘工具对历史相似项目数据进行挖掘，分析出同类项目中不同类型工作所需要的最佳人员配置方案。例如，通过分析过往项目中各工种的工作效率、技能匹配度以及时间安排等因素，找出最合理的人员配置模式。

（2）基于任务的人员配置。

利用数据库对当前可用的人力资源进行全面分析，包括但不限于每位员工的工作经验丰富程度、个人特长等信息，以便更好地匹配合适的人选去执行特定任务。基于此，项目经理或相关负责人应设计出一份详尽的作业指导书，其中需涵盖各阶段所需完成的目标、参与人员名单及其职责分工等内容，并考虑到可能出现的各种突发情况提前做好准备预案。

（3）基于工时的人员配置。

利用智慧工程系统中的人员管理模块（考勤打卡等设备），实时记录每位工人的出勤时间、工作时长以及工作内容等信息。确保工时数据的准确性和及时性，避免人工记录可能出现的错误。同时利用智慧工程系统将收集到的工时数据进行统计和分析，了解各个工种的实际工作时间、工作效率以及工作进度等情况。通过对工时数据的分析，可以发现人员调配中存在的问题，如某些工种的工作负荷过重或过轻、工作效率低下等，以便及时进行调整和优化。根据工时分析结果和施工进度计划，合理安排工人的上班时间和轮班制度。在施工过程中，根据实际情况的变化（如天气变化、施工技术难题等），及时调整人员配置方案。比如通过增加人手或者调整工作顺序等方式加快进程；反之亦然，如果某部分进展顺利则可以适当减少投入以节省开支。

此外，值得注意的是，良好的团队合作对于提高整体工作效率至关重要，因此在日常管理中要注重培养员工的团队意识。通过数据库，各个部门可以更快捷地获取到所需要的信息，实现实时的沟通与协作，减少信息沟通的滞后。同时，在整个施工期间都需要不断地收集各方意见并对其进行整理分析，以便及时发现存在的问题并采取相应措施加以解决，只有这样才能不断优化改进现有的管理模式，最终实现既定目标。

6.3.2 基于实时监测的人工成本调整

在投标阶段，企业相关部门通常会对项目的人工成本投入进行大致的预算分析，制定投标报价，以便为后期施工阶段的成本管控指导明确的方向。然而，由于施工阶段的复杂性，往往会出现一些不可抗拒的因素，导致项目所需的人工成本与预先设定的预算成本存在差异。当这种差异达到一定程度，就需要对原定成本进行调整。为了有效应对这种情况，需要合理的人工成本调整方案来保证项目顺利实施并在可控范围内控制成本。

1. 人工成本调整原因

在推动工程项目的过程中，面对市场动态、设计调整、大数据技术兴起等因素的不稳定性，适时调整人工成本预算是必不可少的环节。此过程不仅直接影响到成本的管控，还与工程进度的顺畅、工程质量的保障紧密相连。

（1）项目内外部因素原因。

项目在实施过程中，企业内部管理模式可能会发生变化，导致原先的成本预算不再合适，需要进行调整。例如，企业的管理水平会直接影响到对人工成本的控制，管理不善可能导致效率低下、浪费增加，进而导致人工成本上升。施工人员的专业技能、管理人员的组织能力和技术人员的技术水平等都会影响人工成本。

外部环境的变化可能会导致原有计划和预算无法满足实际需求，例如劳动力价格上涨、政策法规、经济环境、地理位置等都会对人工成本造成影响。其中，劳动力市场的供求关系是决定人工成本的关键因素。随着经济发展的步伐和生活水平的普遍提升，劳动力成本呈现上升趋势，这要求企业要及时根据市场动态调整人工成本。政策法规是工程实施的基石，其任何修订都可能对设计、施工及成本预算产生影响。例如，当政府颁布的最低工资法发生变化时，都会直接影响到人工成本。

（2）项目设计方案原因。

项目初始设计通常基于初步的调研和设想，然而，在项目实施过程中，实际情况与预想往往存在偏差，这可能导致设计变更的出现。

设计方案变更可能会出现工程量变化、增加施工难度与降低效率等现象，需要重新调配资源，而这可能会引起工期延误或者追加劳动力。此外，设计变更还可能会影响到施工质量，导致返工和额外培训成本，这些都会导致人工成本发生变化。

（3）大数据技术原因。

随着大数据技术的不断深入和应用扩展，企业正经历着运营模式的深刻变革。通过大数据分析，企业能够更加合理地规划人力资源，减少不必要的岗位设置，从而降低人工成本。同时，大数据分析还能帮助企业发现潜在的效率提升点，进一步优化工作流程，提高员工的工作效率。此外，通过对员工工作数据的深度挖掘，企业可以更准确地评估员工绩效，为人才选拔和培养提供有力依据。这些举措不仅有助于降低人工成本，还能提升企业的整体运营效率和竞争力。

2. 大数据赋能人工成本调整

（1）数据驱动人工调整的及时性。

数据库能够实时收集和更新外部环境中有关人工成本变化的数据，确保数据的时效性和准确性。基于此，企业可以及时获取关于劳动力市场变化、劳动力价格上涨、政策法规等相关信息，及时做出成本变更的决策。例如，当政策法规中关于最低工资的标准等发生调整时，企业可以及时在数据库中获得相关信息，从而评估这些变化对于人工成本的影响，制定相应的人工成本变更策略，比如调整薪酬体系或利用政策优惠来降低人工成本。通过对收集到的数据进行深入分析，基于数据分析的结果，企业可以制定更加科学合理的人工成本变更策略，如调整薪酬结构、优化人员配置等。

（2）数据驱动人工成本调整的灵活性。

对于成本控制，传统方法依赖于固定的标准。在大数据的加持下，在智慧工程系统对现场工人的工时和工资的监控下，确保了薪酬体系的公平性和透明性。基于此，企业可以对未来人工成本变化趋势进行预测，并据此进行长期规划，确保人工成本调整的灵活性和可控性。此外，企业可以通过智慧工程系统收集到的现场信息识别潜在的财务风险，如成本超支或预算不足等，及时制定人工成本调整措施，以减轻或避免风险带来的影响。

（3）数据驱动人工成本调整的有效沟通。

在进行人工成本调整时，与员工进行充分的沟通非常重要。这有助于增强员工的理解和支持，减少变革带来的抵触情绪。智慧工程系统可以对现场工人的操作行为或技术水平等进行实时监测，基于此，企业可以通过提供培训和职业发展机会，帮助员工提升技能和效率，从而提高工作满意度和忠诚度，降低招聘和培训新员工的成本。

6.3.3 基于实时监测的施工现场管理

1. 现场安全管理

施工现场管理必须加强安全管理，通过引入智慧工程系统，可以实现对现场人员的实时监控，从而有效预防和减少施工过程中可能发生的意外事件，最大限度地保护现场工作人员的安全。

智慧工程系统的人脸识别技术可以有效杜绝现场人员无证上岗现象的发生，避免安全事故。智慧工程系统的视频直播模块也是一个重要的功能。通过实时视频监控施工现场，管理人员可以实时掌握施工现场的动态情况。这种实时监控可以帮助管理人员及时发现潜在的安全隐患，并采取相应的措施进行处理，从而保障施工现场的安全。另外，智慧工程系统的违章管理模块可以对施工现场工作人员的违章行为进行记录和管理，可以减少相关的违章操作问题。这种模块可以帮助管理人员及时了解施工现场的违规情况，并采取相应的纠正措施，从而提高施工的安全性和规范性。

2. 现场进度管理

在项目施工的过程中，时间就是金钱，按时完成项目计划可以减少因为延误造成的额外人工成本。智慧工程系统作为一种先进的信息技术工具，在提高项目管理效率方面发挥着重要作用。

智慧工程系统内置的风险管理模块能够清晰地展示从宏观到微观不同层次上的施工进度计划时间表——从整个项目的月度安排到每周乃至每日的具体任务分配，这使得项目管理者可以准确地掌握到每个阶段所需投入的时间资源及其分布情况。此外，该模块还支持将实际发生的工作进展与既定目标进行对比分析，一旦发现两者之间存在差异，便能立即采取纠正措施以避免进一步偏离轨道。

　　通过实施这样的智能化解决方案，施工团队可以在第一时间内获得关于现场活动状态的最新信息，并据此做出快速响应。例如，当检测到某项关键工序落后于预定时间表时，相关人员可以迅速调整后续工作的优先级或增加劳动力来弥补差距；同样地，如果某些部分提前完成了，则可以将节省下来的时间用于加强质量控制或者处理其他紧急事务上。

　　通过采用智慧工程系统中的风险管理模块，企业能够实现对项目整体运营状况的全面掌控与精细化管理。这一功能不仅有助于优化资源配置、提高生产效率，还能有效避免进度延误导致人力资源浪费和额外人工成本增加的风险。

3. 现场质量管理

　　施工现场的质量管理是施工企业的生命线，它不仅直接关系到工程项目的整体质量和安全性，而且是确保工程能够顺利进行并实现长期稳定运用的关键环节。智慧工程系统通过集成先进的信息技术和质量管理手段，在施工现场的质量管理方面展现出了巨大的优势，可以减少施工过程中不必要的返工、修复以及因质量问题导致的工期延误至关重要，从而有效降低了人工成本和其他相关费用。

　　智慧工程系统的质量管理模块能够全面覆盖从项目开始到最终验收的整个建设周期内的所有质量控制点。通过实时收集现场数据，帮助项目管理者快速准确地掌握项目当前的质量状况。同时，基于智慧工程系统的数据分析功能，能够预测潜在风险并提出改进建议，促进持续优化改进措施。

　　此外，智慧工程系统的质量管理模块还具备强大的信息共享能力，使得各参与方（如设计单位、监理公司、施工单位等）之间可以实现无缝沟通协作，共同维护好工程质量。

6.4　基于人工成本动态监测体系的决策支持影响分析

　　大数据技术可以辅助企业进行人工成本管理决策，这不仅能够显著提升自身的经济效益，还能对整个电力行业以及业主方产生深远影响。

6.4.1　对电力行业的影响分析

　　随着信息化时代的快速发展，大数据技术已成为推动各行各业革新的关键力量之一。在电力行业内，对这一技术的深度应用不仅促进了企业内部管理效率的提升，还开启了企业间合作与共享的新篇章，推动电力行业的可持续发展。

1. 提升行业标准和规范

通过构建一个集中的数据平台或利用云计算技术，不同电力企业能够安全地上传并分享各自的运营数据、项目案例、成本结构以及成功实施的成本控制措施。这种数据的开放性和透明度极大地降低了信息不对称，使得各企业能够站在"巨人的肩膀"上，避免重复投资于低效的成本控制尝试，转而直接借鉴行业内已验证有效的解决方案。

此外，企业采用智慧工程系统对施工现场实施实时监控的做法，也为其他同行提供了宝贵的学习案例。通过对智慧工程系统中收集到的大量数据进行深入分析，可以有效地识别出当前高效、经济的施工流程和技术手段，并将其作为行业标准加以推广。这样做不仅能促进资源利用最大化，减少不必要的浪费，还能大幅度提高全行业的生产效率和服务质量。

2. 促进合作与协同

通过大数据技术，不同企业可以相互借鉴和学习，共同探索更有效的人工成本控制策略和方法。这种跨企业的协作模式，有助于形成行业内的最佳实践标准，从而推动整个行业向更高效、更经济的方向发展。

跨企业的协作不仅限于被动的数据共享，还包括主动的经验交流和联合研究。定期举办的行业研讨会、工作坊或在线论坛成为企业间思想碰撞、策略共商的重要平台。在这些活动中，企业代表可以就人工成本控制的热点问题、新兴趋势以及面临的挑战进行深入讨论，共同寻找解决方案，为整个行业的健康发展提供指导性框架。

3. 智能财务管理

大数据技术的蓬勃发展，不仅仅局限于实现对人工成本的精准调控，还可以实现行业内财务与业务的深度融合管理。通过将财务管理的先进理念与工具融入业务决策的每一个环节，企业得以采用更为科学严谨的方法进行项目评估，不仅有效控制了成本支出，还显著提升了资金的使用效率和回报率。这种业财一体化的模式，为企业的可持续发展奠定了坚实的基础。

6.4.2　对业主方的利益影响分析

随着人工成本的有效控制，企业在制定投标报价时会拥有更大的灵活性。这意味着可以为业主提供更具有利润空间的报价，帮助业主在预算范围内实现项目目标。对于业主来说，对于业主来说，这不仅意味着能够获得更高的投资回报率，还可能带来额外的经济效益和社会价值。

1. 市场竞争的影响

当行业内多数企业采取类似的人力成本控制策略时，整体竞争态势将显著加剧。这一现象促使各竞标单位在创新与效率提升方面投入更多资源，力求通过差异化优势获得项目合同。对于业主而言，这种高度竞争的环境极为有利，能够确保其获得更高质量、更具性价比的服务方案。

2. 招投标阶段的影响

在项目招投标过程中，鉴于成本存在潜在的变动性，业主在制定招标控制价时必须采取更加谨慎的态度。具体而言，应通过详尽的市场调研和成本分析，确保招标控制价的合理性和科学性。在定标阶段，业主需对企业提供的报价进行全面、细致的综合考量，包括对报价的构成、合理性以及可能的风险因素等进行深入评估。

3. 施工阶段的影响

进入施工阶段后，业主应对项目完成过程中产生的成本进行具体的剖析与探究。这包括但不限于定期对实际发生的成本与预算进行对比分析，识别成本偏差的原因，并针对存在的不足制定相应的改进措施。当企业因市场变化或其他因素需要进行成本调整时，业主也应采取相应的控制措施。这包括与企业进行充分沟通，了解成本调整的原因和依据，并对调整后的报价进行重新评估。若调整合理且符合合同约定，则可予以接受；若调整不合理或违反合同约定，则应坚决予以拒绝，并采取必要的法律手段维护自身权益。

参 考 文 献

[1] 刘智慧，张泉灵. 大数据技术研究综述 [J]. 浙江大学学报（工学版），2014，48(6)：957-972.

[2] 黄建城，徐昆，董湛波. 智慧工地管理平台系统架构研究与实现 [J]. 建筑经济，2021，42(11)：25-30.

[3] 赵彬，孙会锋. 基于目标成本管理构建房地产项目成本数据库 [J]. 项目管理技术 2023，11(8)：86-91.

[4] 孙长峰. ERP 系统企业成本管理模式优化及应用 [J]. 现代企业，2018(6)：9-10.

[5] 范秋. 大数据背景下企业财务管理的变革和创新研究 [J]. 金融文坛，2023(4)：81-83.

[6] 张蕴杰. T 房地产企业 A 开发项目目标成本管理案例研究 [D]. 北京：中国财政科学研究院，2024.

[7] 张志伟. 施工企业成本数据库的建立和应用 [J]. 石油化工建设，2021，43(S2)：173-175.

[8] 赵敬忠. 基于智慧建造的工程项目施工成本精细化管理研究 [D]. 兰州：兰州理工大学，2019.

[9] 郭玲. 针对非技术性损失的用户异常用电行为检测技术研究 [D]. 南京：东南大学，2021.

[10] 包涵，王意洁，许方亮. 基于生成矩阵变换的跨数据中心纠删码写入方法 [J]. 计算机研究与发展，2020，57(2)：291-305.

[11] 邱尚艳. 定额管理在企业成本控制中的应用 [J]. 合作经济与科技，2020(19)：132-133.

[12] 林海军. 破除"以量补价"编制核工程预算定额的探讨 [J]. 核标准计量与质量，2024(2)：50-54.

[13] 弋理，袁春林，易水，等. 建设工程定额的改进与完善研究 [J]. 建筑经济，2019，40(4)：73-78.

[14] 熊才权，曾玲，康瑞华，熊英. 数据库原理与应用 [M]. 武汉：华中科技大学出版社，2019.

[15] 房光玉，刘寨民. 应用大数据构建工程造价数据库 [J]. 工程造价管理，2020(4)：82-87.

[16] 范旭强. TBM 掘进施工数据库建立及大数据挖掘方法研究 [D]. 北京：北京交通大学，2020.

[17] 张凯明. 传统建筑风貌数据库建设研究 [D]. 重庆：重庆大学，2021.

[18] 王臻. 大数据在工程造价管理中的应用前景 [J]. 工程与建设，2023，37(6)：1899-1901.

[19] 陶佳. 建筑施工企业成本管理与控制策略研究 [J]. 现代商业研究，2024(2)：53-55.

[20] 闫天伟，刘才，周朕，等. 基于智能建造的结构施工阶段劳动力资源动态控制研究 [J].

　　 建筑技术，2023，54(8)：1014-1017.

[21] 马彩丽. 人工成本分析方法 [J]. 中国西部科技，2004(9)：116-83.

[22] 刘小虎，许琳涓，吴洁，等. 智能财务共享的建设实践——以广西烟草为例 [J]. 会计之
　　 友 2024，(24)：31-35.

[23] 何思聪. 人工智能技术在工程施工安全管理中的应用 [J]. 云南水力发电，2024，40(S1)：
　　 42-46.

[24] 黄继杰. 水电行业业财融合创新与发展思考 [J]. 中国集体经济，2024(32)：69-72.

[25] 林艳. 工程预算变更管理流程及影响因素分析 [J]. 大众标准化，2024(20)：85-87.